“十四五”职业教育国家规划教材

U0102326

汽车维修基础（第3版）

总主编　周乐山

主　编　骆　振　秦　啸

校企合作　项目教学型教材

QICHE WEIXIU JICHU

北京师范大学出版集团
BEIJING NORMAL UNIVERSITY PUBLISHING GROUP
北京师范大学出版社

图书在版编目(CIP)数据

汽车维修基础/骆振，秦啸主编. —3版. —北京：北京师范大学出版社，2021.1(2023.7重印)

ISBN 978-7-303-25941-0

Ⅰ.①汽… Ⅱ.①骆… ②秦… Ⅲ.①汽车－车辆修理－职业教育－教材 Ⅳ.①U472.4

中国版本图书馆 CIP 数据核字(2020)第 105746 号

图书意见反馈：gaozhifk@bnupg.com 010-58805079
营销中心电话：010-58802755 58800035

出版发行：北京师范大学出版社 www.bnupg.com
　　　　　北京市西城区新街口外大街 12-3 号
　　　　　邮政编码：100088
印　　刷：北京同文印刷有限责任公司
经　　销：全国新华书店
开　　本：787 mm×1092 mm 1/16
印　　张：10
字　　数：210 千字
版　　次：2021 年 1 月第 3 版
印　　次：2023 年 7 月第 8 次印刷
定　　价：32.80 元

策划编辑：庞海龙　　　　　责任编辑：马力敏
美术编辑：陈　涛　焦　丽　装帧设计：陈　涛　焦　丽
责任校对：康　悦　　　　　责任印制：马　洁

汽车运用与维修专业
项目化课程编写指导委员会

顾　问　于开成

主　任　周乐山

成　员　方道生　刘娟娟　于占明　朱银武

李　烽　张海泉　骆　振　任　超

李小飞　陆琳杰　施洪辰

本书编委会

主　编　骆　振　秦　啸

参　编　金尚彬　赵　兴　何　诚

出版说明

本套教材是在汽车维修行业专家、企业专家、课程专家的精心指导下，结合汽车维修企业生产岗位和工作实际开发的。本套教材紧紧围绕汽车售后维修企业的职业工作需求，以就业为导向，以技能训练为中心，以"更加实用、更加科学、更加新颖"为编写原则，旨在探索理论与实践一体化的教学模式，具有如下特色：

1. 教材编写理念。借鉴"行动导向"的教学模式，以学生为主体，以教师为指导，以提高学生职业技能和创新能力为目标，理论紧密联系实践。理论知识以必备、够用为度，技能训练面向岗位需求，注重结合汽车后市场服务岗位群和维修岗位群的岗位知识与技能要求，使学生学完每一本教材后，都能获得该教材所对应的职业岗位能力。

2. 教材结构体系。根据汽车维修职业岗位工作需求，采用项目、任务两个层级，实施项目导向、任务驱动的模式构建课程体系。理论教学和技能训练有机融合，专业学习和"1+X"考证有机融合，实践教学与岗位培训有机融合，系统性和模块化有机融合，方便不同地区、不同专业、不同条件、不同层次的学生或人员剪裁选用。

3. 教材内容组织。精选对学生有用的基础理论和基本知识，突出实用性、新颖性，以我国保有量较大的轿车为典型，引入现代汽车新技术、新工艺、新规范，结合典型车型维修手册，加强"任务实施"内容的编写。在教学中坚持立德树人，德技并修，将规范操作、5S管理、良好的职业素养理念融入专业课程教学内容之中。引导教师在"做中规范地教"，学生在"学中规范地做"。教学内容突出典型工作任务，任务实施注重以实例为引导，激发学生的学习兴趣，符合学生的认知规律。

4. 教材编排形式。本套教材图文并茂，采用四色印刷。教材编排通俗易懂、简明实用、由浅入深，符合职业院校学生的心理特点。每一项目均配有"项目概述"，让学习者知道本项目要学习的任务和在"知识、技能、行为习惯和职业素养"四个方面应达到的要求。每一个任务都有具体的学习目标，配有技术规范、有安全提示的任务实施步骤，力求做到科学、规范、明晰。教材最后配有课程评价，便于学生对课程教学提出建议和专业教师教学素质提升。

5. 教材配套资源。每本教材都配有学生工作手册和数字化教学资源，教学资源主要包括教学视频、电子教案、教学课件等。配套资源可方便广大教师组织教学，也可方便广大读者学习。

由于编写人员能力有限，教材中不足之处在所难免，恳请各位读者批评指正。

汽车运用与维修专业项目化课程编写指导委员会

序

据公安部统计，2021年全国机动车保有量达3.95亿辆，其中汽车3.02亿辆。我国已经进入了飞速发展的汽车社会新时代，汽车维修业也成为与广大人民群众日常生活息息相关的现代服务业。随着国家对职业教育的重视和投入的增加，我国的汽修职业教育取得了快速发展，为社会输送了一大批在汽修一线工作的高技术技能型人才，从一定程度上突破了汽车维修人才紧缺的瓶颈。但同时应该看到，汽车电动化、智能化、网联化和共享化的快速推进，打破了人们对传统汽车的理解，对汽车维修人才也提出了更高的要求。教育是国之大计、党之大计。培养什么人、怎样培养人、为谁培养人是教育的根本问题，育人的根本在于立德。全面贯彻党的教育方针，落实立德树人根本任务，培养德智体美劳全面发展的社会主义建设者和接班人，坚持以人民为中心发展教育，加快建设高质量教育体系，发展素质教育，促进教育公平。加强企业主导的产学研深度融合，坚持学思用贯通、知信行统一。这就需要我们工作在职业教育一线的专家、教师在习近平新时代中国特色社会主义思想指导下，创新教育理念，改革教学模式，优化专业教材，为党育人、为国育才，培养出真正符合党和国家要求的高技术技能型汽修人才。

教学模式的创新，得益于先进的课程理念，先进的课程理念需要一套完整的课程方案和配套的课程资源来体现，近几年，在企业、行业专家和课程专家的指导下，北京师范大学出版社开发了一整套汽车运用与维修专业的项目化教材，并不断完善和更新。相比以往的职业教育汽车运用与维修专业教材，这套教材有许多特点和亮点，主要体现在：

1. 面向职教。教材作者均来自汽车维修专业教学一线，有多年从事专业课教学的经验，大多数参编者都亲自参加过职业院校汽车运用与维修技能大赛的教师组比赛项目，并取得了优异的成绩。因此，在教材的编写过程中，他们能紧扣汽车运用与维修专业的培养目标，并借鉴全国职业院校汽车运用与维修技能大赛所提出的能力要求，把维修行业的规范、安全、环保、高效、服务、合作、敬业等理念贯穿于专业技能训练的课目之中，符合当前汽车后市场对人才的综合素质要求。

2. 难易适度。本套教材汲取了宝马、丰田、上海通用等知名汽车企业培训教材的精华，着重强调结论性、应用性强的必备基础理论知识，使得教材整体理论知识的学习难度降低，同时又保证学生在分析和解决实际问题时能具有一定的理论基础，这符合职业院校学生的认知特点。

3. 实用性强。本套教材体例实用，并配有学生工作手册，力求把知识传授、技能训练、行为习惯培养和职业素养养成融为一体，有利于学生综合素质的提升，使学生能够运用所学的基本知识举一反三、触类旁通，同时也为学生后续学习奠定基础。教材中精选了典型的工作任务，并配有工艺化的任务实施流程，旨在培养学生正确使用工具和设备解决实际问题的能力，达到学生毕业后即可胜任汽车后市场相应工作岗位的技能和素质要求。

4. 静动并举。本套教材在理论知识讲解和具体工作任务实施中采用了大量的实物图，教材采用四色印刷，在文字描述方面力求简洁规范、通俗易懂，在关键知识点的理论讲解和具体工作任务实施时配有教学视频、动画演示等数字化资源，激发了学生的学习兴趣，降低了学习难度，方便学生自我完善和自我提高。

这套教材的推广使用，将有助于职业院校汽车运用与维修专业教学质量和能力的提高。希望大家多提宝贵意见和建议，也希望我国的职业教育事业越办越好。

前 言

　　随着我国汽车工业高速发展和国民经济水平的提升，汽车保有量大幅度增加，汽车维修企业需要一大批高素质的汽车维修技术人员。在党的二十大报告中指出，"坚持尊重劳动、尊重知识、尊重人才、尊重创造""完善人才战略布局，坚持各方面人才一起抓，建设规模宏大、结构合理、素质优良的人才队伍"。加快建设国家战略人才力量，既要努力培养更多"大师、战略科学家、一流科技领军人才和创新团队、青年科技人才"，也要努力造就更多"卓越工程师、大国工匠、高技能人才"。

　　为了保证维修质量，减少客户投诉，提高客户满意度，学生应该具有良好的职业道德、服务意识、安全意识，熟悉维修车间的安全与环保要求，会使用汽车维修过程中的常见工具，会使用汽车检测过程中的各种仪器仪表。

　　本书简化了对理论知识的过多讲解，通过图文并茂的形式，简明介绍了汽车维修作业中技术人员需要的必备专业知识，力求做到浅显易懂。本书介绍基本方法的同时，注重学生的实践动手能力的训练和安全文明生产意识的培养，树立"安全修车、环保修车、人文修车"理念，培养学生的安全意识、环保意识、服务意识，塑造良好的服务形象。

　　本书的具体学习内容及教学建议如下表：

序号	项目名称	学习任务	参考学时
项目 1	汽车售后服务基础	3	8
项目 2	维修车间安全与环保	4	12
项目 3	常用维修工具的使用	3	16
项目 4	汽车测量技术	2	6
合　计		12	42

本书由骆振、秦啸担任主编。骆振编写了项目 1 和项目 3；秦啸编写了项目 2；金尚彬编写了项目 4。赵兴和何诚负责本书技能操作的标准设定与指导。

由于编写者水平有限，不足之处在所难免，恳请各位读者提出宝贵意见。

目 录

项目 1 PROJECT 汽车售后服务基础

　　汽车售后服务是指汽车作为商品销售出去以后，由制造商、销售商、维修商、配件商等服务商为客户及其拥有的汽车提供的全过程、全方位服务。

　　汽车售后服务基础的学习主要包括汽车售后服务的认知、认识5S管理和车辆的基本操作三个任务。

　　通过本项目课程的学习，要在知识、技能、行为习惯、职业素养等方面达到以下相关要求。

学习内容及评价标准

序号	学习内容（知识、技能、行为习惯、职业素养等）	评价标准			
		了解知道	理解掌握	指导下操作	独立操作
1	汽车售后服务的意义	√			
2	汽车售后服务的流程		√		
3	售后服务人员分工		√		
4	仪表盘的组成与识读			√	
5	常见汽车指示灯的识读与操作			√	
6	车辆驾驶系统的作用与操作		·		√
7	5S的训练				√
8	团队精神的养成				√

M 任务 1 汽车售后服务的认知

任　务　目　标

(1)能叙述汽车售后服务的特点和服务对象。

(2)能叙述汽车售后服务岗位的分工。

(3)能叙述客户满意度对于汽车售后服务的重要性。

(4)能画出汽车售后服务的基本工作流程。

➲ 必备知识

一、汽车售后服务的特点和服务对象

汽车售后服务是指汽车作为商品销售出去以后，由制造商、销售商、维修商、配件商等服务商为客户及其拥有的汽车提供的全过程、全方位服务。它包括汽车金融服务、汽车保险服务、汽车维修服务、汽车配件服务、汽车美容装潢服务、旧车交易服务以及汽车租赁、汽车停车、汽车信息等服务。

汽车售后服务的直接服务对象是客户，间接服务对象是汽车，提供服务的主体是制造商、销售商、维修商、配件商等服务商，每个主体都在自己的经营范围内提供相应的服务。汽车售后服务贯穿汽车的整个生命周期，在汽车售后服务的全过程中，有售后的前期服务，包括购车代理、汽车消费信贷、汽车保险代理；中期服务，包括汽车保险索赔、汽车维护与汽车检测、汽车配件供应、汽车美容装潢；后期服务，包括二手车交易和报废车回收。

二、汽车售后服务的经营模式

汽车售后服务分为两种经营模式：一种是汽车销售与服务一体化的方式，以汽车特约销售服务站为主体，集整车销售、维修服务、配件供应、信息反馈为一体；另一种是汽车销售与服务相分离的方式，如汽车城的汽车品牌店及其指定的特约维修厂，如图1-1-1所示。还有如汽车快修店、汽车美容店等形式的经营模式。而其中汽车特约销售服务站的方式是我国汽车售后服务业的主导经营方式。

汽车特约销售服务站通过汽车专营将汽车制造商、汽车销售商、汽车维修商、汽车配件供应商与客户的利益紧密联系在一起，形成一个有机的服务链。对于汽车制造商，可以最快速地获取用户的信息，改正自己汽车商品的缺陷，提高用户的满意度，增强汽车品牌的市场竞争力；对于汽车销售商，有汽车制造厂的品牌及其汽车维修商售后服务的强力支持，从而可以推动销售；对于汽车维修商，新车的销售增加了一大批新客户，而且拥有汽车制造厂强大的技术支持、人员培训和配件供应，维修的质量和进度大大提高。

图 1-1-1　汽车特约销售服务站和汽车维修厂

三、　汽车售后服务的主要任务

汽车售后服务的主要任务是汽车首次免费维护、定期检查与维护、车辆修理。通过售后服务质量提升品牌形象，如图 1-1-2 所示。

图 1-1-2　汽车售后服务

汽车品牌的成功取决于客户的忠诚度和满意度。满意是一种心理状态，是客户的需求被满足后的愉悦感，是客户对产品或服务的事前期望与实际使用产品或服务后所得到实际感受的相对关系。如果用数字来衡量这种心理状态，这个数字就叫做满意度，客户满意是客户忠诚的基本条件。

所以通过良好的服务质量可以为品牌带来更好的未来，而令人失望的服务质量则可能带来无法挽回的损失，如图 1-1-3 所示。

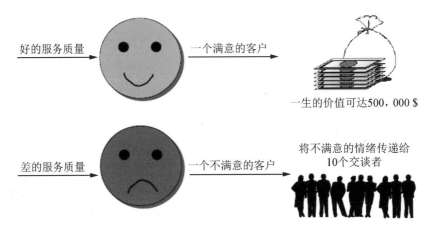

图 1-1-3　客户满意度的影响

四、　汽车售后服务流程

为使维修工作达到最佳并实现较高的质量水平，在此对售后服务工作流程进行了结构化处理。下面来认识一下汽车售后服务流程，如图 1-1-4 所示。

图 1-1-4　汽车售后服务流程

1. 客户联系

客户联系是指服务顾问主动联系客户，或是客户联系经销商售后服务部门。通过与客户的联系，了解客户车辆的使用情况，服务顾问判断是否需要进行相应的保养与维修，以便为客户提供建议，帮助客户更好地维护车辆。同时，如果服务顾问能够更多地主动联系客户，会让客户感受到品牌对他的关爱，拉近品牌与客户之间的情感，增强信任。

在这个环节，服务顾问不仅应具备良好的电话礼仪，还要能够使用 DMS、KSD、EPR 等经销商内部管理系统，查询客户车辆的历史维修记录，给客户提供专业的保养与维修建议，如图 1-1-5 所示。

图 1-1-5   客户联系

2. 预约安排

预约安排是指通过预约，服务顾问提前为客户准备工位、零件、技师，客户到店后有专人接待，并快速开展接车检查，以节约客户在店等待时间。同时，预约对于服务顾问和经销商也是有好处的。预约根据发起者不同，分为主动预约和被动预约。主动预约是经销商主动联系客户，被动预约指客户联系经销商。预约安排这项工作主要是预约专员完成，但因为服务顾问是最了解客户的人，所以一些经销商仍然要求由服务顾问去做预约。

在工作中通常是要与客户通过电话进行预约，因此，电话礼仪非常重要，同时预约的技巧和预约系统的使用也必须专业，如图 1-1-6 所示。

图 1-1-6   预约安排

3. 咨询准备

咨询准备是指为了保证客户预约的项目能准时、准确的提供，以节约客户时间，让客户实实在在感受到预约的好处，保证客户满意度，从而提高预约率。预约专员会在前一天的下午将预约计划表、所涉及的车辆档案交给服务顾问，服务顾问需检查预开工单，并查询车辆的维修记录，并做好客户到店前的准备工作，如零件预留，工位安排，对客户的预约提醒及为客户选定的机动性服务做准备。

因此，以上所有提及的准备工作都要在客户预约到店前一天准备就绪，并应根据客户需求提前一个自然天进行预约提醒。

4. 服务咨询

服务咨询即车旁接车，服务顾问需对所有进场维修的车辆进行详细的检查，并开具工单。通过详细的车辆检查，可以对车辆的进场进行确认，不仅可以提高品牌专业形象，对服务顾问也是一个很好的自我保护。通过车辆检查还可以帮助服务顾问发现一些新的销售线索，提高产值，如图 1-1-7 所示。

图 1-1-7　服务咨询

在服务咨询过程中，服务顾问必须知道如何使用 DMS 系统，知道如何在 DMS 中记录、更新客户及车辆信息，并在车辆检查完毕后，使用 DMS 开具工单。

5. 工单处理

工单处理是指车间技师按照工单上的维修项目进行维修保养作业。服务顾问要对工单跟进，了解工作进程，确保车辆能在承诺的时间内交车，如图 1-1-8 所示。

图 1-1-8　工单处理

服务顾问必须随时了解车辆的维修进展情况，以便及时跟客户进行沟通，通报车辆维修状况。在工单处理中有三种情况经常发生。

①增加工单内容。如果车辆在维修过程中发现新的车辆问题，技师会告知服务顾问，服务顾问应首先全面了解车辆的相关信息，以便更好地与客户沟通，然后是要取得客户的授权。取得客户授权后告知车间可以开始维修，所以，增加工单内容也是服务顾问的主要工作之一。

②质量检查。当车辆维修完成后针对维修质量的检查，检查车辆的维修质量是否符合标准，另外，车辆是否还有其他的一些故障隐患。此项工作一般主要由终检员、技术人员完成，站在技术的角度考虑并解决问题。

③返工处理。质量检查中若发现问题，应该返回技师处重新修理；如果质检没问题，那么开出车间准备交车。但如果车辆交到客户手上以后，客户发现没修好，又再次来店，这就是所说的返工，要走特殊的返工处理流程。

6. 结算准备

结算准备主要是指两件事：一是发票准备；二是车辆准备。这里的发票准备不是真正意义上的发票，而是预览结算单，真正的发票要等客户付款以后才可以打印出来。而这里的预览结算单是为后续的费用解释做好铺垫。服务顾问需将预览结算单按照维修项目进行分组罗列，列出各项维修项目的工时、零件，让客户对此次维修的项目和费用一目了然，如图 1-1-9 所示。

车辆准备是车辆的最终检查，为了保证车辆最后的交付状态没有任何问题，在客户来之前服务顾问还需做一个很详细的车辆最终检查。这时服务顾问需站在客户的角度再次对车辆的维修项目进行检查，以确保客户反映的问题已经得到解决，同时还需要检查车辆的外观、

图 1-1-9 结算准备

内饰的清洁情况，最后，针对车辆的座椅记忆、CD、收音机等个性化设置进行恢复，并调整车辆的胎压。

7. 车辆交付

车辆交付是指车辆维修完毕后服务顾问需与客户一起，向客户展示车辆的维修成果，并向客户提供车辆使用建议、提醒下次保养时间、介绍事故救援热线等。服务顾问在交付车辆时还要针对此次维修，向客户进行详细的预览结算单解释，通过完整清晰的解释，让客户对此次消费感到清楚明白，从而增加对服务顾问和经销商的信任，逐渐培养客户的满意度。让客户清楚地了解此次所做的维修项目及费用组成，让客户感觉物有所值。这是服务顾问再一次与客户进行面对面的接触，展示自己的专业水平的机会，如图 1-1-10 所示。

图 1-1-10 车辆交付

8. 客户关怀

客户关怀是指客服部门对过去三天内接待完工的客户进行关怀，调查客户的满意度情况。但维系客户关系在日常工作中对服务顾问来说也是非常重要的，直接关系到个人及经销商的客户满意度、客户忠诚度。所以在这个环节，必须关注回访结果，配合客服部处理客户抱怨和投诉，如图 1-1-11 所示。

图 1-1-11 客户关怀

五、 汽车售后服务人员的分工

汽车售后服务人员一般分为售后总监(也称为服务经理)、技术主管(也称为车间主任)、服务顾问(接车员)、机电工(又分主修、副修、学徒)、钣金工(又分主修、副修、学徒)、喷漆工(又分主修、副修、学徒)。以汽车特约销售服务站为例，其组织结构如图 1-1-12 所示。

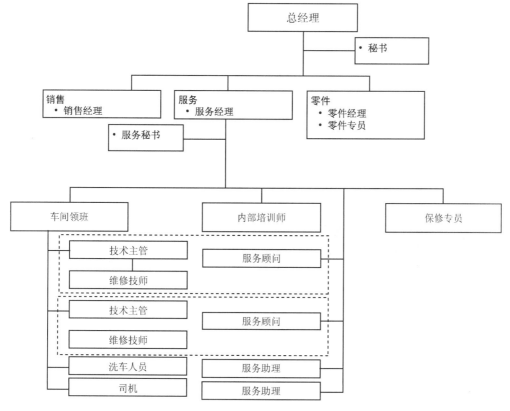

图 1-1-12 汽车特约销售服务站组织结构图

六、 工匠巡礼

每一个男孩子心中都有一个"汽车梦"，从小就对汽车感兴趣的他，立志要与汽车为伴。2001年毕业后，他来到重庆长安汽车股份有限公司工作，从零开始学习装配，并利用空闲时间仔细研究汽车电器的特性、原理和结构，32本汽车电器相关书籍、15个笔记本，他对汽车电器的调试用"狂热"和"痴迷"来形容最合适不过。2016年，李元园享受国务院授予颁发政府特殊津贴，2017年被评为全国"最美汽车人"2022年重庆五一劳动奖章获得者。他

图 1-1-13

用累累硕果，在个人发展和公司征程上留下了一串串闪光的足迹，不断发光发热。

党的二十大报告提到，培养造就大批德才兼备的高素质人才，是国家和民族长远发展大计。功以才成，业由才广。坚持党管人才原则，坚持尊重劳动、尊重知识、尊重人才、尊重创造，实施更加积极、更加开放、更加有效的人才政策，引导广大人才爱党报国、敬业奉献、服务人民。加快建设国家战略人才力量，努力培养造就更多大师、战略科学家、一流科技领军人才和创新团队、青年科技人才、卓越工程师、大国工匠、高技能人才。

➔ **任务实施** ─────────────────────────────────

1. 根据所学，说说技术在汽车售后服务流程中的重要性有哪些。

2. 根据图1-1-14写出各流程的名称。

图 1-1-14

3. 写出自己最喜欢的岗位，并规划出自己的职业发展方向。

4. 在党的二十大会议中提出，为了国家和民族的长远发展大计，加快国家战略人才力量的建设，我们自身应该如何做起呢？

任务 2 认识 5S 管理

任 务 目 标

(1) 了解 5S 的含义和作用。

(2) 能叙述 5S 的推行目的。

(3) 能叙述整理、整顿、清洁、清扫、素养的实施要领。

➔ **必备知识**

一、5S 的起源

5S 是起源于日本的一种家庭方式，已流传 200 多年了，主要是针对地、物提出了整理、整顿 2 个 S。日本企业将其引进到内部管理运作，随着管理的要求及水准的提升，后来又增加了其余 3 个 S，形成了今天的 5S 活动。其在企业内部表现为对生产现场中的人员、机器、材料、方法等生产要素进行有效的管理，是日本企业独特的一种管理方法。

第二次世界大战后，日本企业将 5S 作为工厂管理的基础，推行各种品质管理手法，产品质量迅速提高，一举奠定了经济大国的地位。而在丰田公司的倡导下，5S 对塑造企业形象，降低成本，准时交货，安全生产，高度的标准化，创造令人心怡的工作场所等现场改善方面的巨大作用逐渐被各国管理界所认识。随着世界经济的发展，5S 已经成为工厂管理的一种新潮流，如图 1-2-1 所示。

图 1-2-1 企业 5S 管理

二、5S 的含义

整理 (seiri)：区分必需品和非必需品，现场不放置非必需品。

目的：腾出空间，防止误用。

整顿 (setton)：合理布局，将寻找时间减小为零。

目的：场所一目了然，工作秩序井井有条，消除找寻物品的时间。

清扫（seiso）：将岗位保持无垃圾、无灰尘、干净整洁状态。

目的：保持良好的工作环境，稳定品质，达到零故障、零损耗。

清洁（seiketsu）：将整理、整顿、清扫进行到底，并且制度化。

目的：成为惯例和制度，是标准化的基础，企业文化开始形成。

素养（shttsuke）：对于规定了的事，大家都要遵守执行。

目的：员工遵守规章制度，培养良好素质习惯的人才，铸造团队精神。

5S短语：

整理：要与不要，一留一弃。

整顿：科学布局，取用快捷。

清扫：清除垃圾，美化环境。

清洁：洁净环境，贯彻到底。

素养：形成制度，养成习惯。

三、 5S 的八大作用

亏损为零：生产环境干净整洁，产品质量好，顾客越来越多，知名度高，产品销售好，当然亏损为零。

不良为零：干净整洁的现场可以提高员工质量意识，产品按标准要求生产，正常使用保养仪器设备，减少次品产生，能够逐步消除不良品。

浪费为零：5S能减少库存，排除过剩生产，避免元件、半成品、成品库存过多，避免购置不必要的机器、设备，避免"寻找、等待"等动作的浪费。

故障为零：仪器、设备经常擦拭和保养，机器移动率高，工具管理良好，综合效率可把握性高，可以有效消除故障。

切换产品时间为零：工具、用具经过整顿，不须过多寻找时间，机器正常运转，作业效率提高，彻底的5S，让新人一看就懂，快速上岗。

事故为零：整理、整顿后，通道和休息场所不会被占用，物品放置、搬运方法和堆积高度考虑了安全因素，物流一目了然，人车分流，道路通畅，"危险、注意"等警示明确，员工正确使用保护器具，不违规作业。

投诉为零：员工自觉地执行各项规章制度，去任何岗位都能上岗作业，每天都有所改进，有所进步。

缺勤为零：良好的工作环境使人心情愉快，不会让人厌倦，工作已成为一种乐趣，员工不会无故缺勤和旷工。

总之，通过 5S 运动，企业能够健康稳定，快速成长，快速发展并且至少达到四个相关方的满意：

投资者满意：通过 5S，使企业达到更高的生产和管理境界，投资者可获得更大的利润回报。

客户满意：表现为产品高质量，低成本，交货期准，技术水平高，生产弹性高等特点。

雇员满意：效益好，人性化管理，待遇好，员工可获得尊重和成就感。

社会满意：企业热心公益事业，对区域有贡献，有良好的社会形象。

四、　推行 5S 的目的

(1) 改善和提高企业形象。整齐清洁的工作环境容易吸引顾客，让顾客对你的产品有信心，同时成为其他公司的榜样。

(2) 促进效率提高。良好的工作环境，物品摆放有序，员工集中工作，效率自然就高。

(3) 改善零件在库周转率。有效的布局和保管，彻底进行低库存管理，必要时能立即取出物品，工序间物流通畅，减少寻找、滞留时间，改善零件在库周转率。

(4) 减少直至消除故障，保障品质。优良的品质，来自于优良的工作环境，通过经常性的清扫、点检，不断地净化工作环境，避免污物损坏机器，维持设备的高效率，提高品质。

(5) 保障企业安全生产。工作场所宽敞明亮，通道通畅，地板上不会随意摆放不该放置的物品，工作场所有条不紊，发生意外的机会减少，当然安全就有保障。

(6) 降低生产成本。通过实施 5S 可以减少人员、设备、场所、时间等的浪费，从而降低生产成本。

(7) 改善员工精神面貌，使组织活力化。人人对自己的工作尽心尽力，并且有改善意识，增加组织的活力。

(8) 缩短作业周期，确保交货期。由于管理的透明化，使异常现象明显化，减少人员、设备、时间的浪费，生产顺畅，提高了工作效率，缩短了作业周期，从而确保交货期。

五、　5S 实施要领和推进步骤

1. 整理

(1) 整理的作用。

- 可以使现场无杂物，行道通畅，增大作业空间，提高工作效率；

- 减少碰撞，保障生产安全，提高产品质量；

- 消除混料差错；

- 有利于减少库存，节约资金；

- 使员工心情舒畅，工作热情高涨。

因缺乏整理而产生的常见浪费：

- 空间的浪费；

- 零件或产品因过期而不能使用，造成资金浪费；

- 场所狭窄，物品不断移动的工时浪费；

- 管理非必需品的场地和人力浪费；

- 库存管理及盘点，时间的浪费。

（2）整理的实施要领。

- 马上要用的，暂时不用的，长期不用的要区分对待；

- 即便是必需品，也要适量，将必需品的数量降到最低程度；

- 在哪都可有可无的物品，不管有多昂贵，也要处理掉。

2. 整顿

（1）整顿的作用。

提高工作效率；

异常情况能马上发现（丢失，损坏等）；

将寻找时间减少为零；

其他人也能明白要求和做法；

不同的人去做，结果是一样的（已标准化）。

因没有整顿而产生的浪费：

寻找时间的浪费；

认为没有而多余购买的浪费；

停止和等待的浪费；

计划变更而产生的浪费；

交货期延迟而产生的浪费。

（2）整顿实施要领。

彻底地进行整理：彻底进行整理，只留下必需品在工作岗位，只能摆放最低限度的必需品，正确判断是个人所需品还是小组共需品。

确定放置场所：进行布局研究，可制作一个 1/50 的模型，便于规划，经常使用的物品放在最近处，特殊物品、危险品设置专门场所进行保管，物品放置 100% 定位。

规定摆放方法：产品按机能或种类分区放置，摆放方法各种各样（如架式、箱内、悬吊式等），尽量立体放置，充分利用空间，便于拿取和先进先出，平行、直角在规定区域放置，堆放高度应有限制，一般不超过 1.2 m，容易损坏的物品要分隔或加防护垫保管，防止碰撞，做好防潮、防尘、防锈措施。

进行标识：采用不同的油漆、胶带、地板砖或栅栏划分区域。例如，通道最低宽度为人行道：1 m 以上；单向车道：最大车宽＋0.8 m；双向车道：最大车宽×2＋1.0 m。

一般区分：

绿色——通行道/良品；

绿线——固定永久设置；

黄线——临时/移动设置；

红线——不良区/不良品；

白线——作业区。

在放置场所标明所摆放物品；在摆放物体上进行标识；根据需要灵活采用各种标识方法；标签上要进行标明，一目了然；某些产品要注明储存/搬运注意事项和保养时间/方法；暂放产品应持暂放牌。

3. 清扫

（1）清扫的作用。

经过整理、整顿，必需品处于立即能取出状态，而且取出的物品还必须完好可用。这是清扫的最大作用。

注意：清扫不仅只是打扫卫生，还要对生产设备仪器进行点检、保养和维护工作，以利于保持设备良好的状态，及时发现故障隐患。

（2）清扫的实施要领。

领导以身作则：成功与否的关键在于领导，领导能够坚持这样做，大家都会很认真对待这件事。

人人参与：公司所有部门、所有人员（含总经理）都应一起来执行这个工作。

与点检、保养作充分结合：一边清扫，一边改善设备状况，把设备的清扫与点检、保养结合起来。

责任到人：明确每个人应负责清洁的区域，分配区域时须绝对清楚地划清界限，不能留下没有人负责的区域（死角）。

杜绝污染源，建立清扫基准：寻找并杜绝污染源，建立相应的清扫基准，促进清扫工作的标准化。

4. 清洁

(1)清洁的作用。

维持作用：将5S后取得成果维持下去，成为公司的制度。

改善作用：对已取得的成绩，不断进行持续改善，使之达到更高境界。

(2)清洁的实施要领。

贯彻5S意识，为了促进改善，必须想出各种激励的办法让全体员工每天保持正在进行5S评价的心情，充分利用各种办法，如5S标语、5S宣传画等活动，让员工每天都感到新鲜、不厌倦。

坚持不懈，一旦开始实施就不能半途而废，否则公司又很快回到原来情形。

对长时间养成的坏习惯，要花长时间改正。

深刻领会5S含义，彻底贯彻5S，力图进一步提高。所谓"彻底贯彻5S"就是连续、反复不断地进行整理、整顿、清扫活动。

5. 素养

(1)素养的作用。

重视教育培训，保证人员基本素质；

持续推动5S直至成为全员习惯；

使每位员工严守标准，按标准作业；

净化员工心灵，形成温馨的快乐气氛；

培养优秀人才，铸造战斗型团队；

成为企业文化的起点与最终归属。

(2)素养的实施要领。

①持续推动4S直至全员成为习惯。通过4S(整理、整顿、清扫、清洁)的手段，使人们达到工作的最基本要求修养，也可理解为通过推动都能做到的4S而达到最终精神上的"清洁"。

②制定相关的规章制度。规章制度是员工的行为准则，使人们达成共识，形成企业文化的基础，制定相应的《语言礼仪》《电话礼仪》及《员工守则》等能够保证员工达到修养的最低限度的要求。

③对员工进行教育，培训是非常必要的。培养员工责任感，激发其热情，需要改变员工的消极的利己思想，培养对公司部门及同事的热情和责任感。

→ 任务实施

根据 5S 管理要求，结合表 1-2-1 对教学场所进行检查。记录需要改善的地方，并对需改善处进行 5S 管理。

表 1-2-1　维修技师日常 5S 自查表

分类	要求	自查内容	合格	不合格	备注
整理	要与不要 一留一弃	工具车内只保管必需的且均可正常使用的工具			
		工具车内没有杂物，如脏抹布、换下的零件和个人物品			
		自己负责的设备均处于正常可使用状态			
		自己的工作场地内没有不必要的物品			
整顿	科学布局 取用快捷	工具车内的工具按照定置要求放置			
		工具车、公用工具和设备在使用后放回指定位置			
		严格按照场地规划开展维修工作			
		未使用的剩余材料、耗材和附料放回规定位置			
清扫	清除垃圾 美化环境	随时维持工作场地的清洁，没有物品掉在地上			
		保持工具设备干净清洁、保养润滑良好			
		垃圾及时处理，防止维修中产生的油液、尘土、污垢扩散			
		保持服装整洁和个人卫生			
清洁	洁净环境 贯彻到底	明确自己负责的清洁区域			
		重新放置那些错位的物品			
		将地上的物品捡起来，如零件和废料等			
		操作说明、标示、标牌及标签干净，保持字迹清晰			
素养	形成制度 养成习惯	熟练掌握 5S 内容			
		熟悉 5S 相关规章制度和礼仪要求			
		积极遵守 5S 各项标准，并持续坚持			
		对现有问题能主动提出改进的意见和建议			
自查情况汇总					

任务目标

(1)能说出仪表盘的主要结构。

(2)能进行车辆驾驶系统的操作。

(3)能叙述指示灯的含义。

➡ **必备知识**

一、车辆解锁

1. 用钥匙上锁或解锁（图 1-3-1）

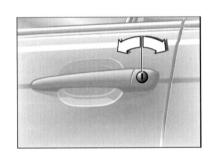

图 1-3-1　钥匙上锁或解锁

注意：当有人在车内时不要锁止汽车，因为从车内无法解锁。

2. 用遥控器上锁或解锁

用遥控器可以非常便捷地打开与关闭客户的汽车，此外还提供两个只能通过遥控器执行的附加功能：

(1)接通车内灯：此功能也可以帮助客户找到汽车的位置。

(2)打开后行李舱盖：无论后行李舱盖处于锁止还是解锁状态都会略微开启。

①解锁：按压按钮 1，如图 1-3-2 所示。

②便捷开启：按下并按住按钮 1，电动车窗和活动天窗被打开。

③锁止并保险锁死：按压按钮 1，如图 1-3-3 所示。

图 1-3-2 解锁按钮

1. 按钮

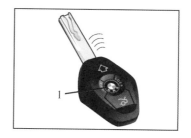

图 1-3-3 上锁按钮

1. 按钮

④便捷关闭：按下并按住按钮 1，电动车窗和活动天窗被关闭。

⑤接通车内灯：在汽车已锁止时按压按钮 1。

⑥打开后行李舱盖：按压按钮 1，如图 1-3-4 所示。

车内操纵——打开与关闭：在前车门已关闭时用按钮操作中控锁，以此方式只能解锁或锁止所有车门和后行李舱盖，车辆并不会保险锁死。

图 1-3-4 开启后行李舱盖按钮

1. 按钮

注意事项：

①避免遥控器自高处掉落或扔抛之类的激烈冲击，还应避开极端高温或低温环境。

②擦拭遥控器外壳需用软布。切勿使用强力清洗剂或溶剂。

③如果遥控器丢失，须及时去售后服务站进行更换及编程。

二、 座椅调整

汽车座椅的调整主要分为两类：一类是手动座椅；另一类是电动座椅，如图 1-3-5 所示。

图 1-3-5 座椅调节

在调整座椅位置时，请注意人身安全，行车期间不要调整驾驶人座椅，否则可能因座椅意外移动而使汽车失控发生交通事故。

1. 手动座椅的调整

（1）纵向：拉起手柄并把座椅推移到理想位置，放开手柄把座椅略微前后推一下以便使其正确卡住，如图 1-3-6 中的"1"所示。

（2）高度：拉起手柄并把座椅压下或上提至理想位置，如图 1-3-6 中的"2"所示。

（3）靠背：拉起手柄并把靠背后推或放开至理想位置，如图 1-3-7 中的"3"所示。

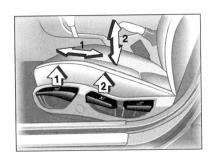
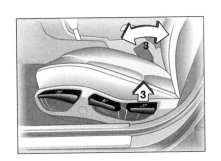

图 1-3-6　纵向与高度调整　　　　　　图 1-3-7　靠背的调整

（4）头枕：按下按钮 1，即可使头枕上下或前后调节，如图 1-3-8 所示。

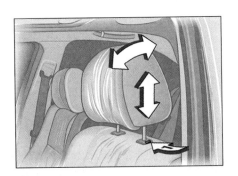

图 1-3-8　头枕的调节

2. 电动座椅的调整

如图 1-3-9 所示，可通过拨动座椅调节开关进行调整。

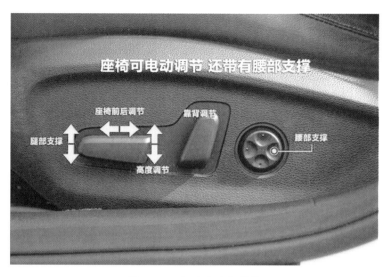

图 1-3-9　电动座椅的调整

三、转向盘的调整

可以向前/向后及向上/向下调整转向盘，如图 1-3-10 所示。

注意事项：行驶期间不要调整转向盘，否则会因转向盘意外移动而存在发生事故的危险。

图 1-3-10　转向盘调整

四、后视镜调整

1. 外后视镜的调整

外后视镜的调整如图 1-3-11 所示。

重复按压按钮"3"可折起和打开外后视镜，其主要用于清洗装置内洗车时、在狭窄的街道内行驶时或把略向前折的外后视镜重新置于正确位置。

注意：部分品牌汽车只有在车速低于 10 km/h 时才能折起外后视镜，也可以按压镜面玻璃四边手动调整外后视镜。

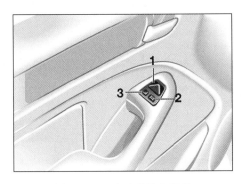

图 1-3-11　外后视镜的调整

1. 向四个方向调整的开关；2. 转换到其他后视镜的开关；3. 折起和打开后视镜的按钮

2. 车内后视镜的调整

为减小夜行时随行汽车的眩目影响，应把图示的小把手向前搬，对带报警装置的汽车应转动其按钮，如图 1-3-12 所示。

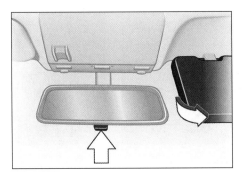

图 1-3-12　车内后视镜手动调整

车内后视镜自动防眩：

根据四周环境灯光的影响和后面汽车大灯灯光的影响，这个后视镜自动无级防眩。

当选择倒车档或变速杆置于 R 位置时，车内后视镜会自动切换到清晰无防眩作用的模式，如图 1-3-13 所示。

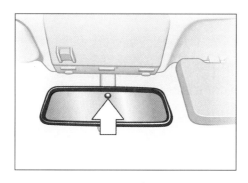

图 1-3-13 自动防眩目

五、 点火开关

车辆起动需要打开点火开关，常见的点火开关需要插入钥匙并顺时针旋转方可起动，如图 1-3-14 所示。

0——转向盘锁止（LOCK）。只有当钥匙处于这个位置时才能被插入或拔下，拔出钥匙后略微转动一下转向盘即可锁止。

1——转向盘解锁（ACC）。为使钥匙从 0 位转到 1 位更轻松些，可略微转一下转向盘，各用电设备处于工作准备就绪状态。

2——点火开关开启（ON）。预热，所有用电设备都处于工作准备就绪状态（冷态时，预热指示灯）。

3——起动发动机（START）。

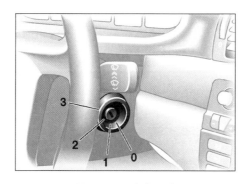

图 1-3-14 点火开关

六、 起动发动机的操作

（1）起动发动机前的准备操作：拉紧驻车制动器，将变速杆置于空档或将自动变速器变速杆置于 P 位处，温度较低时踩下离合器踏板。

注意：由于发动机排出的废气中含有一氧化碳，它无色无味但有剧毒，吸入后会对人体造成严重伤害，可能导致昏迷甚至危及生命，因此不要在封闭的空间内让发动机运转。发动机运转时不要让汽车处于无人监管状态，否则会带来严重的潜在危险。

（2）起动发动机：不要踩下加速踏板，旋转点火开关至起动档（START），操纵起动机的时间不要过短，但不要超过 20 s。发动机开始运转后立即松开点火钥匙。

（3）关闭发动机：将点火开关旋转至 1 或者 0 处。

注意：

a. 车辆还在移动时不要拔下点火钥匙，否则转向盘将被锁死。

b. 离开汽车时必须拔下点火钥匙并将转向盘锁止。

c. 带手动变速器的汽车在陡峭的路上停车时，必须拉紧驻车制动器，因为即使挂在第 1 档或倒车档也无法完全防止溜车。

（4）带自动变速器的汽车变速杆置于 P 位置。

七、 驻车制动器的操作

拉紧和释放驻车制动器。驻车制动器主要用于防止停止的汽车溜车（作用在后车轮上）。在坡路上停车时，要向上提拉驻车制动器手柄以便拉紧驻车制动器。

将手柄拉起一些，按下按钮（箭头）并放下手柄便可释放驻车制动器，如图 1-3-15 所示。

注意：如果驻车制动器已拉紧，则制动信号灯不亮起。

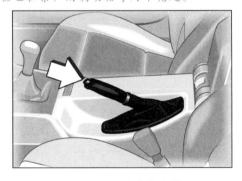

图 1-3-15　驻车制动器

八、 变速器的操作

1. 手动变速器的操作

（1）空档：换档杆顶端标有空档位置（如图1-3-16所示圆点，位于3、4档之间），当从某个档位换到空档时，变速杆自动回复到空档位置。

图 1-3-16 空档档位

（2）倒车档：只能在停车状态下挂入倒车档。当点火钥匙置于2位置时，挂上倒车档后倒车灯自动接通。

2. 自动变速器的操作

自动变速器的变速杆位置主要有P、R、N、D，如图1-3-17所示。

只有变速杆处于P位或N位时才能起动发动机。

切换变速杆位置：停车状态从P位或N位换到其他档位前，必须踩下脚制动器，因为变速杆已被锁住（换档自锁功能）。

图 1-3-17 自动变速器档位

汽车起动前应一直踩着脚制动器，否则一旦挂入行驶档位，汽车将自行移动；发动机运转状态下离开汽车前必须将变速杆置于P位或N位，并拉紧手制动器，否则汽车会自行移动；发动机运转时不要让汽车处于无人监管状态，否则会带来严重的潜在危险。

各档含义：

P 驻车档：只能在停车状态下挂入，驱动轮被抱死。

R 倒车档：只能在停车状态下挂入。

N 空档：仅在停车间隔较长时才挂入该档位。

D 前进档（自动选择前进档位）：正常行驶模式位置可切换到所有前进档。

九、 转向信号灯/前照灯操作

（1）远光灯：将拨杆向前方推压一下，如图 1-3-18 中的箭头 1 所示，直至听到"咔哒"声。此时远光指示灯亮起，车灯切换为远光灯。

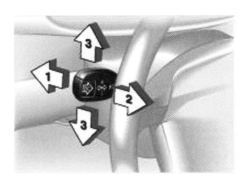

图 1-3-18　转向灯/前照灯

（2）转向灯：上下拨动转向灯拨杆，如图 1-3-18 中的箭头 3 所示，转向信号灯将持续闪烁，在完全转向后，转向灯会自动熄灭。

任务实施

1. 工作任务

车辆起动及转向灯操作。

2. 工作准备

（1）工作场景：理实一体化教室。

（2）主要设备：实训车辆、多媒体设备、白板、教学三脚架。

（3）辅助材料：三件套、挂历白纸、白板笔、卡片纸、喷胶。

3. 工作清单（表 1-3-1）

表 1-3-1　工作清单

序号	作业内容	完成情况
1	准备工作	
2	用遥控器或钥匙打开车门锁	

续表

序号	作业内容	完成情况
3	进行座椅角度调节	
4	进行后视镜角度调节	
5	进行转向盘角度调节	
6	挂空档(自动变速器挂 P/N 档)	
7	拉起驻车制动器手柄	
8	起动车辆	
9	操作转向灯和近远光灯切换	
10	熄火	
11	5S 工作	

4. 工作步骤（表 1-3-2）

表 1-3-2　车辆起动及转向灯操作

作业内容	图　解	技术规范
1. 准备工作		**技术要求** 1. 安装车辆三件套 2. 连接蓄电池充电器，设置为外接电源模式 3. 检查遥控器电池电量
2. 用遥控器或钥匙打开车门锁		**技术要求** 1. 将车辆钥匙插入驾驶人侧的车门把手的钥匙孔中 2. 向左旋转钥匙，此时车门锁处于什么状态

作业内容	图　　解	技　术　规　范
3. 进行座椅、后视镜、方向盘调节		技术要求 1. 调节座椅位置，确保能正确踩下制动踏板 2. 调节内外后视镜角度 3. 调节转向盘角度确保正常上下车
4. 挂空档		技术要求 检查车辆档位是否处于空档或者P档位置
5. 起动车辆		技术要求 1. 接通点火开关 2. 旋转至"START"档
6. 打开示宽灯		技术要求 1. 旋转灯光开关至示宽灯档 2. 此时可点亮示宽灯、尾灯、仪表盘照明灯及后牌照灯
7. 打开近光灯		技术要求 1. 旋转灯光开关至大灯档 2. 此时车辆前照灯的近光灯点亮

续表

作业内容	图　解	技 术 规 范
8. 打开/关闭远光灯		**技术要求** 1. 将控制杆向前推压一次 2. 此时前照灯的远光灯点亮 3. 同时远光指示灯点亮 4. 再向前推压一次，前照灯的远光灯熄灭
9. 激活大灯变光	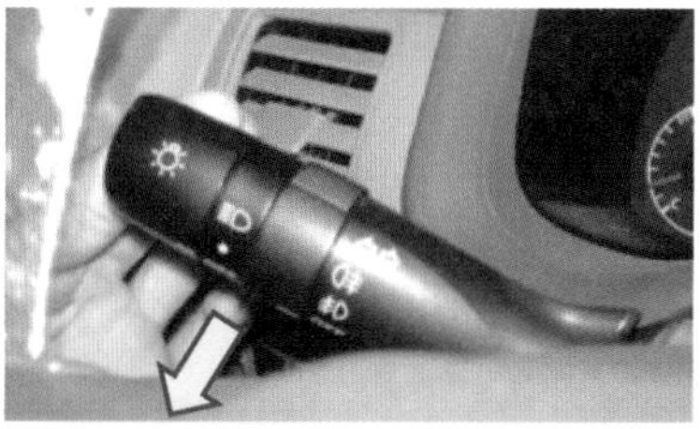	**技术要求** 1. 将控制杆向后快速拉动 2～3 次 2. 此时前照灯的远光灯也随之闪烁 2～3 次 3. 手松开控制杆时，大灯随即恢复为近光灯
10. 5S 工作		**技术要求** 1. 断开蓄电池充电器 2. 对车辆进行清扫和清洁 3. 整理并清扫场地 4. 整理资料

➔ 必备知识

一、仪表盘的识别

汽车仪表盘如图 1-3-19 所示。

1. 里程表

在点火钥匙处于位置"ACC"时，按压组合仪表内的按钮（箭头）可以激活图 1-3-20 中里程表的显示。

（1）总里程表：记忆汽车自从出厂以来一共行驶了多少千米。总里程表不能清零。

（2）分里程表：记录汽车某一时段的行驶里程。分里程表可以清零，清零的方法是将点火钥匙转到位置"1"后按压按钮（箭头）。

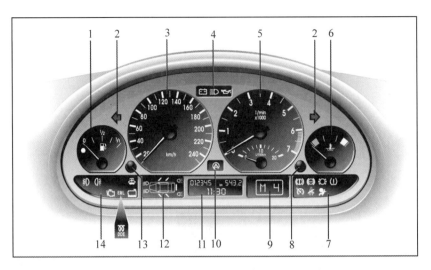

图 1-3-19 汽车仪表盘

1. 燃油表；2. 用于转向信号的指示灯；3. 车速表；4. 指示灯；5. 转速表和油耗指示表；6. 冷却液温度表；7. 指示灯和报警灯；8. 调节钮；9. 自动变速器/自动换档控制的手动变速模式显示；10. 故障报警灯；11. 显示；12. 检查控制；13. 分行驶里程表置零；14. 指示灯和报警灯

图 1-3-20 里程表

2. 发动机转速表

发动机转速表用以表示发动机每分钟的实际转速，如图 1-3-21 所示。

3. 油耗表

油耗表如图 1-3-22 所示，显示当前耗油量的单

图 1-3-21 发动机转速表

位为 L/100 km。通过油耗表可以检查在当前行驶状态下的燃油经济性和排放对环境的影响情况，汽车停车后油耗表指针回零。

图 1-3-22 油耗表

4. 燃油表

燃油表如图 1-3-23 所示。

图 1-3-23 燃油表

（1）当燃油表指针在"1/1"或者"F"的位置时，表示燃油基本加满。

（2）当燃油表指针在"0"或者"E"的位置时，表示燃油即将用完。请及时加油，否则可能会因行驶到只剩最后几滴油而损坏发动机及催化转换器。

汽车在坡路上行驶时，如上山时燃油表的指示可能会有轻微起伏。

5. 冷却液温度表

冷却液温度表如图 1-3-24 所示。

C：发动机仍处于冷态，以合适的发动机转速和车速行驶。

H：点火开关接通后报警灯亮一小段时间，进行功能检查。

图 1-3-24 冷却液温度表

行驶期间亮起：发动机过热，立即关闭发动机并使之冷却下来。

在以上两种区域之间：正常工作温度，在车外温度高或负荷很高时允许指针接近 H 区域。

二、 常见指示灯的识别

汽车指示灯装于驾驶室内的仪表盘上，数量多少根据设计而定。用于指示有关照明灯光信号以及工作系统的技术状况，并对异常情况发出警报灯光信号。常见的汽车指示灯如下。

（1）示宽指示灯 ：显示车辆示宽灯的工作状态，平时为熄灭状态，当示宽灯打开时，该灯随即被点亮。

（2）转向指示灯：当驾驶人发出换道或转向信号时，左侧或右侧转向指示灯将闪烁。当按下危险警告按钮时，两盏转向指示灯均会闪烁，车外的所有转向灯也一起闪烁。

（3）远光灯指示灯 ▣：显示前照灯是否处于远光状态，通常情况下该指示灯为熄灭状态。在远光灯接通或使用远光灯瞬间点亮功能时亮起。

（4）雾灯指示灯 ▣：显示前、后雾灯的工作状况。左侧为前雾灯显示，右侧为后雾灯显示。

（5）机油压力指示灯 ▣：显示发动机内机油的压力状况。打开钥匙门，车辆自检时，指示灯点亮，起动后熄灭。该指示灯常亮，说明该车发动机机油压力低于规定标准，需要检修。

（6）冷却液温度指示灯 ▣：显示发动机内冷却液的温度，只在车辆自检时点亮数秒，平时为熄灭状态。平时所谓发动机"开锅"，就是指冷却液温度超过规定值，这时应立刻暂停行驶，进行维修。

（7）驻车制动指示灯 ▣：当驻车制动器操作手柄被拉起后，该指示灯自动点亮。操作手柄被放下后，该灯自动熄灭。部分车型还有行驶时未放操作手柄的警告音。

（8）蓄电池指示灯 ▣：显示蓄电池的工作状态。该灯也是在车辆自检时点亮，起动后熄灭。如果起动后该指示灯常亮，应检查发电机或车辆电路。

（9）ABS指示灯 ▣：显示ABS系统的工作状态。ABS指示灯在起动发动机时未闪亮或者接通电源3 s～4 s后仍不熄灭，表明ABS系统出现故障。

（10）安全带指示灯 ▣：显示安全带的工作状态。按照车型不同，该灯会亮起数秒进行提示，或者直到系好安全带才熄灭，有的车还会有声音提示。

（11）发动机工作状态指示灯 ▣：该灯在接通电源后点亮，3 s～4 s后熄灭，表明发动机运转正常。如果该灯不亮或一直亮，则表示发动机出现故障，需及时进行检修。

（12）制动指示灯 ▣：显示制动片磨损及制动系统状态，正常情况为熄灭状态。如果该灯一直亮着，就应该马上检查制动系统。

（13）燃油指示灯 ▣：灯亮显示燃油即将耗尽，一般从该灯亮起到燃油耗尽之前，车辆还能行驶50 km左右。

（14）安全气囊指示灯 ▣：显示安全气囊的工作状态。接通电源后该灯点亮，3 s～4 s后熄灭，表示安全气囊系统正常；如果该灯不亮或一直亮，表示安全气囊系统存在故障。

(15)车门状态指示灯 ：显示车门是否完全关闭。车门打开或未能关闭时，相应的指示灯会亮起，提示驾驶人车门未关好，车门关闭后熄灭。

任务实施

1. 工作任务

汽车指示灯的识别操作。

2. 工作准备

(1)工作场景：理实一体化教室。

(2)主要设备：实训车辆、多媒体设备、白板、教学三脚架。

(3)辅助材料：三件套、挂历白纸、白板笔、卡片纸、喷胶。

3. 工作清单（表 1-3-3）

表 1-3-3　工作清单

序号	作业内容	完成情况
1	检查车辆停放是否周正	
2	插入钥匙，打开点火开关	
3	记录亮起的指示灯	
4	等车辆自检完成后记录哪些指示灯仍然亮起	
5	拨动灯光控制器，查看灯光信号指示灯	
6	查看危险警告灯	
7	关闭点火开关	
8	收起三件套，丢弃到垃圾桶	
9	取下钥匙，锁好车门	
10	收起车轮挡块，放到规定位置	
11	5S 工作	

4. 工作步骤（表 1-3-4）

表 1-3-4　汽车指示灯的识别操作

作业内容	图　解	技术规范
1. 准备工作		**技术要求** 1. 安装车辆 3 件套 2. 安装车轮挡块 3. 检查车辆驻车制动，应处于锁止状态
2. 接通电源		**技术要求** 1. 将车辆钥匙插入点火开关 2. 旋转钥匙至"ON（Ⅱ）"档
3. 记录亮起的指示灯		**技术要求** 1. 此时车辆进入自检状态 2. 部分汽车指示灯亮起 3. 记录亮起的指示灯有哪些
4. 记录熄灭的指示灯		**技术要求** 1. 3 s～4 s 后部分指示灯将熄灭 2. 记录熄灭的指示灯有哪些

续表

作业内容	图　解	技术规范
5. 起动车辆		技术要求 1. 踩住制动踏板 2. 将点火钥匙旋转至"ST"档 3. 保持 2 s～3 s, 待发动机起动后松开钥匙 安全警告 1. 起动车辆前确保车辆置于空档 2. 检查车辆驻车制动器操作手柄是否处于拉紧状态 3. 检查车轮挡块是否放置到位
6. 记录熄灭的指示灯和未熄灭的指示灯		技术要求 1. 记录熄灭的指示灯有哪些 2. 记录此时还有哪些指示灯点亮 3. 关闭发动机 4. 记录关闭发动机后哪些指示灯又被点亮
7. 激活示宽灯		技术要求 1. 将钥匙旋转至"ACC"档或者"ON"档 2. 旋转灯光开关至 档 3. 此时仪表盘处的示宽指示灯点亮
8. 激活远光灯		技术要求 1. 将钥匙旋转至"ACC"档或者"ON"档 2. 旋转灯光开关至 档 3. 向前或者向后推压拨杆, 此时仪表盘处的远光指示灯点亮
9. 激活转向指示灯		技术要求 1. 将钥匙旋转至"ACC"档或者"ON"档 2. 上下拨动转向信号杆 3. 此时仪表盘处的转向指示灯点亮

续表

作业内容	图　　解	技　术　规　范
10. 激活危险报警指示灯		**技术要求** 1. 按下危险警告按钮 2. 此时仪表盘处的转向指示灯同时闪烁
11.5S 工作		**技术要求** 1. 对车辆进行清扫和清洁 2. 整理并清扫场地 3. 整理资料

→ 工匠精神 ─────────────────

　　1. 敬业。敬业是从业者基于对职业的敬畏和热爱而产生的一种全身心投入的认认真真、尽职尽责的职业精神状态。中华民族历来有"敬业乐群""忠于职守"的传统，敬业是中国人的传统美德，也是当今社会主义核心价值观的基本要求之一。早在春秋时期，孔子就主张人在一生中始终要"执事敬""事思敬""修己以敬"。"执事敬"，是指行事要严肃认真不怠慢；"事思敬"，是指临事要专心致志不懈怠；"修己以敬"，是指加强自身修养保持恭敬谦逊的态度。

维修车间安全与环保

项目概述

维修车间是车辆维修的场所，也是维修技师所在的工作场所，安全管理非常重要。

本项目包含了四个基本学习任务，主要包括常见安全标识认知、维修人员的安全防护、维修废弃物的处理、紧急情况的处理。

通过本项目的学习，学生要在知识、技能、行为习惯、职业素养等方面达到以下相关要求。

学习内容及评价标准

序号	学习内容(知识、技能、行为习惯、职业素养等)	评价标准			
		了解知道	理解掌握	指导下操作	独立操作
1	维修车间的安全常识				✓
2	了解安全标志的组成	✓			
3	维修人员的安全防护		✓		
4	维修废弃物的处理		✓		
5	紧急情况的处理		✓		
6	团队精神的养成				✓

作业须知：

(1)始终安全工作，防止伤害的发生。

(2)防止事故伤害到自己或者周围的同事。

如果你在工作中受伤，这将不仅仅影响你，而且也会对你的家庭、同事和公司造成影响。

事故因素：

(1)人为因素造成的事故。由于不正确使用机器或工具，穿着不合适的衣物，或由于技术人员不小心造成的事故。

（2）自然因素造成的事故。由于机器或工具出现故障，缺少完整的安全装置，或者工作环境不良造成的事故。

提示：

安全规章可能因地域不同而异，并且可能超越以前的基本方针。

一、维修车间内部管理

许多工伤事故都是由杂乱无章引起的。在凌乱的工作场所，常常会发生因绊倒、跌倒或滑倒而导致受伤的事故（图 2-0-1）。

图 2-0-1 跌倒

我们有责任妥善保管所有设备、部件和汽车，以保护我们自己和工友不受伤害。

整洁车间的特征：

—地面清洁不湿滑；

—火警应急出口畅通；

—器具存取通道无障碍；

—工具存放安全方便；

—电气和压缩空气等动力输出源标记清楚明显并定期检查；

—加长电缆或软管在用后收好或悬吊在天花板上；

—工作场所灯光明亮；

—空气新鲜，工作环境舒适；

—固定设备或装置得到定期维护并处于安全状态；

—工作场所的所有人员均受过使用常用设备的培训，并知道安全操作规程。

二、个人注意事项

工作时是否安全往往是在你到达工作场所之前就已决定了。当你离家去上班时，是否做了充分的准备？考虑一下哪种衣着适合要进行的工作。记住，安全也是你的责任。

应避免的事情：

—宽松的袖口；

—项链；

—手镯；

—喇叭裤；

—时装鞋；

—紧身裙；

—解开的领带；

—长发；

—手表；

—戒指；

—鞋带解开；

—手帕垂挂在衣袋外面。

忠告：

—摘下珠宝首饰；

—戴"夹式"领带；

—穿用经过批准的工作服、工装裤等；

—穿用带有防压铁头的劳保靴；

—束紧长发；

—需要时，使用正确的眼/手/耳防护装置；

—准备工作不要仓促。给自己留有充足的准备时间，才能获得安全。

常见安全标志的认知

→ 必备知识 ────────────────────────────

一、标志

安全标志应起到提高工作岗位安全的作用。为此使用国际标准的指示、禁止、警告、救援和防火标志。

二、指示标志

指示标志为蓝白色圆形标志(表 2-1-1)。这种标志表示注意作为行为规定的指示性保护措施。因此必须在标注区域内采取相应保护措施。

表 2-1-1 指示标志

含义	标志	含义	标志
戴防护眼镜		戴安全帽	
使用防护面罩		一般性指示标志只与其他附加标志一起使用	

续表

含义	标志	含义	标志
戴呼吸防护装置		人行道	
穿防护服		戴耳塞	
穿防护鞋		打开前拔下电源插头	
戴防护手套		工作前断开电气装置	

三、警告标志

警告标志是带有黑色标志、黑色边框和黄底的三角形标牌（表 2-1-2）。警告标志表示警告人们注意某些危险。

表 2-1-2　警告标志

含义	标志	含义	标志
危害健康或刺激性物品警告		场地运输车辆警告	

含义	标志	含义	标志
危险区域警告		铣削轴警告	
易燃物品警告		气瓶警告	
易爆物品警告		手部受伤警告	
危险电压警告		热表面警告	
腐蚀性物品警告		有毒物品警告	
电池危险警告		激光束警告	

续表

含义	标志	含义	标志
坠落危险警告		磁场警告	
自动启动警告		挤伤危险警告	
助燃物品警告		滑倒危险警告	
电磁场警告		悬浮负荷警告	
可爆炸气体警告	EX	绊倒危险警告	

四、　禁止标志

禁止标志采用圆形白底标牌，以黑色标志表示禁止内容，带有一个红色斜杠和红色圆形边缘（表 2-1-3）。

表 2-1-3　禁止标志

含义	标志	含义	标志
禁止行人通行		禁止使用移动电话	
禁止用水灭火		禁止接触 外壳带电	
禁止饮食		禁止接通	
非饮用水		禁止存放或储存	
禁止明火、火焰和吸烟		禁止吸烟	
非工莫入		禁止携带动物	

续表

含义	标志	含义	标志
禁止触摸		一般性禁止标志只与其他附加标志一起使用	
禁止场地运输车辆通行		禁止带心脏起博器的人士通行	
禁止用水喷淋		禁止体内植入金属的人士通行	

五、 救援标志

救援标志是带有白色标志的绿底矩形标牌(表2-1-4)。箭头表示救援设备或设施所在位置。逃生路线和逃生方向通过这些标志标记出来,以便在危险情况下迅速安全地离开危险区域。

表2-1-4 救援标志

含义	标志	含义	标志
急救措施		紧急出口(该标志仅布置在某一紧急出口上方)	
眼睛冲洗装置		应急淋浴	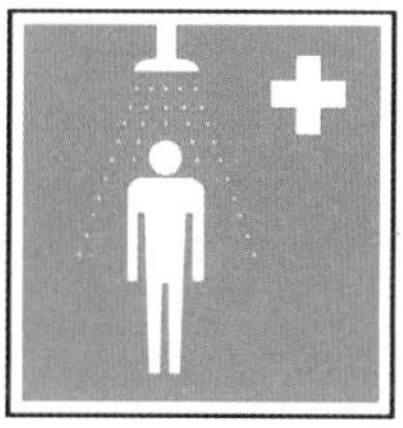

续表

含义	标志	含义	标志
担架		紧急呼叫电话	
救援通道向左		救援标志 自动减颤器	
救援通道穿过出口		急救方向（向左）	
救援通道向右		急救方向（向上）	
医生		急救方向（向右）	
逃生通道（向左）		急救方向（向下）	

续表

含义	标志	含义	标志
逃生通道(向右)		集合地点	
紧急出口(该标志仅布置在某一紧急出口上方)			

逃生通道必须保持通畅,不得因堆放物品或门锁住而堵住通道。

六、　防火标志

防火标志是带有白色标志的红色矩形标牌(表 2-1-5)。箭头表示防火设备或设施所在位置。这些箭头只允许与另一个防火标志一起使用。

表 2-1-5　防火标志

含义	标志	含义	标志
火警电话		向左方向箭头	
消防器材		向上方向箭头	

续表

含义	标志	含义	标志
灭火器		向右方向箭头	
灭火软管		向下方向箭头	
梯子			

七、 危险物品

未按规定处理时危险物品可能导致严重的人员伤害和物品损坏。

危险物品容器上带有危险标志、危险说明和安全建议。表 2-1-6 为危险物品的部分标志概览。

表 2-1-6　危险物品标志

物品	危险	标志	安全建议
制动摩擦片，离合器摩擦片，磨削粉尘	吸入时对健康有害	刺激性	吸除粉尘，用合适的方式捆绑并存放在密封性好的容器内

续表

物品	危险	标志	安全建议
溶剂，清洗剂	吸入和误饮时这些物品可能危害健康	低毒性，较高易燃性	避免与皮肤直接接触，使用护肤膏，远离火源，禁止吸烟
汽油	爆炸性，高易燃性，吸入、误饮和与皮肤接触时有中毒危险。可能致癌	高易燃性，有毒	远离火源，禁止吸烟。不要吸入汽油蒸气，避免与皮肤和眼睛接触。使用护肤膏，切勿将其作为清洁剂使用
蓄电池酸液	对皮肤和眼睛有灼伤作用。吸入时可能刺激或伤害黏膜和呼吸道	灼伤	避免与皮肤直接接触。运输容器保持密闭状态。只使用原装容器。戴上手套、防护眼镜，必要时使用面部防护用具。确保通风和排风良好

续表

物品	危险	标志	安全建议
机油和柴油	避免长时间或多次与皮肤接触	刺激性，较高易燃性  	使用护肤膏，与皮肤或衣物接触时必须彻底清洗。远离火源
底部保护和空腔保护，粘接剂，剩余油漆，油漆，运输防腐蜡	易燃性，吸入和接触时可能导致皮肤、黏膜、眼睛和呼吸道受刺激或发炎。可能出现麻醉作用	较高易燃性，低毒性  	远离火源，工作时确保通风良好，存放在密闭容器内且保持存放地点通风良好。使用护肤膏，戴上防护手套，必要时戴上防护眼镜

➔ **任务实施**

1. **工作任务**

认知各类标志的含义。

2. **工作准备**

（1）理实一体化教室。

（2）主要设备：印有安全标志的海报（图2-1-1），带有安全标志的教具体，如蓄电池、点火线等。

（3）辅助设备：喷胶、卡片纸、白板笔。

图 2-1-1

任务2 维修人员的安全防护

任 务 目 标

(1)会进行操作中个人防护。

(2)能叙述安全工作关键要点。

(3)危险物品使用的安全防护。

(4)能够保证安全防护可以得到使用。

→ 必备知识

一、个人防护

机器运行和使用技术系统以及原料和辅助材料时可能会发生危险。危险造成的后果包括事故、职业病和工作引起的疾病。这些后果可能由以下原因引起：

(1)缺少保护设施和安全措施（焊接时没有戴防护镜等）。

(2)材料的化学和物理性质对身体有影响（因为工作时没有相应的工作服和防护面具等，由燃油蒸发、微尘颗粒造成的影响）。

(3)身体负荷过重（未使用起重工具等规定的辅助设备提升重物）。

⚠

通过在工作区域内采取事故预防措施保护人员、设备、建筑物和环境免受伤害。

例如，在德国为促进工作安全和降低各职业领域的事故风险，各个同业工伤事故保险联合会颁布了强制性防止事故规定。每名职工都有义务严格遵守防止事故规定。

⚠

违反安全的行为可能造成严重或致命的伤害，引起疾病并导致财物损失和环境危害。

头部保护

在举升起来的车辆下工作时应对头部进行保护，出于安全考虑最好将长发用发网盘起。

2. 眼部保护

在有酸性或碱性物质的工作场合及周围有火花和碎片飞溅的地方必须戴上有侧面保护边框的防护眼镜(图 2-2-1)。在进行气焊和气割操作时也必须戴上防护眼镜。进行电弧焊接操作时需使用带有相应视窗的防护面罩。

图 2-2-1　眼部保护

3. 呼吸保护

进行喷漆工作时需进行相应的呼吸系统保护(图 2-2-2)。重要的是注意微粒过滤防护半面罩的使用时间和储存期限。超过储存时间后必须销毁未使用的过滤器。油漆成分决定了选择何种类型的过滤器。呼吸保护装置对长时间喷漆工作来说是比较理想的选择。

图 2-2-2　呼吸保护

索引	说明
①	全面罩
②	一次性防护半面罩

4. 工作服

根据工作类型配备相应的工作服。如果经常从事焊接工作,则可以在短时间与火焰接触时使用防护服或皮制围裙进行保护(图 2-2-3)。这种防护服对金属碎屑飞溅物和火焰的防护十分有效。此外,还可对电弧焊时产生的紫外线进行防护且对电流有一定的隔绝能力。

从事喷漆工作时可使用带有一体式头罩的防护服或化学物品防护服。重要的是选择合适的防护服并精心使用,只有精心使用的防护服才能提供相应的保护功能。

图 2-2-3　皮围裙

5. 手部保护

最常发生的事故是手部事故。除了采取相应的工作方法外,还可以戴上手套对手部进行保护（图 2-2-4）。

图 2-2-4　手部保护

　　使用切削加工设备，例如，台式钻床和车床时不得戴防护手套。使用这些机器时旋转部件可能卷住手套。

　　进行酸性、碱性和其他液体方面的工作时最好戴上防水型防护手套。

　　进行焊接工作时也必须戴上防护手套。在此应针对烧伤和紫外线对手部进行保护。

　　进行手工搬运工作时应戴上皮手套，以防止手部擦伤、开裂和刺伤并提高抓握和操作的舒适性。

　　还有针对夹伤、挤伤和划伤进行保护的手套。

6. 脚部保护

　　在维修车间范围内工作的每位员工都应穿上防护鞋（图 2-2-5）。这些防护鞋配有脚趾保护罩。

　　有些工作鞋还带有防汽油和机油的鞋底。这种鞋底可以降低滑倒的危险。鞋底中部快要磨破时应更换工作鞋，即使鞋底边缘仍完好无损。

图 2-2-5　脚部保护 1

索引	说明
①	型号 1
②	型号 2

　　在焊接过程过，会产生较多的焊接飞溅物，这些飞溅物会溅落在人的脚部，在焊接时需佩戴焊接护脚（图 2-2-6）。

7. 噪声保护

　　进行车身磨削和使用电动剪板机时常常产生较大的噪声。约大于 85 dB（A）的连续噪音可能导致无法医治的听力下降。道路交通产生的噪声级约为 75 dB（A），而压缩空气锤约为 100 dB～105 dB（A）。噪声超过约 90 dB（A）时必须佩戴听觉保护装置。在此可以使用耳塞和耳罩

图 2-2-6 脚部保护 2

(图 2-2-7)。在需要佩戴听觉保护装置的区域应该贴有相应的指示标志。

图 2-2-7 噪声保护

索引	说明
①	带架耳塞
②	耳罩
③	耳塞

使用电动剪板机时必须佩戴听觉防护装置。手套可以保护手部不受伤害。使用切削加工机器工作时禁止佩戴手套。进行磨削工作时，磨工和在其周围工作的员工都必须对眼睛进行保护。

二、安全工作

1. 人工搬运

从地面或工作台上搬物体是再平常不过的事了。搬抬物体时使用正确的方法有助于减小背部受伤的危险。

关键要点：

不要试图抬过多的重量，20 kg 通常是一个人的安全极限；从地面抬起物体时，两脚应微微分开，屈膝，背部挺直，用腿部肌肉提供力量抬起重物；不要猛颤物体；搬运重物时，让重物贴近身体。搬运 20 kg 以下物体时，应让物体贴近身体，背部挺直、膝盖弯曲。

2. 举升机和起重机

通过升降台上进行工作时使用车辆支撑点非常重要。因拆卸发动机或后桥而造成车辆重心在升降台上移动时尤其要注意。非专业操作可能导致整个车辆掉下来。不允许任何人搭乘升降台。

对于超过 20 kg 的物体，我们建议使用活动吊车或千斤顶等起重装置。每种设备的使用都应进行专门培训，下面是一些常识性的规定：

——切勿超过所用设备的安全工作载荷；

——在车下工作前，一定要用车桥支架支撑好汽车；

——举升或悬吊重物时难免有危险，所以，切勿在无支撑、悬吊或举起的重物（如悬吊的发动机等）下工作；

——一定要保证千斤顶、举升器、车桥支架、吊索等起重设备胜任和适用相应作业，而且状况良好并得到定期维护；

——切勿临时拼凑起重装置。

3. 电动和气动机器

不当使用固定式机器和手工机械会带来危险。因此必须在固定式机器和手工机械周围留出足够的移动空间。必须清除障碍物。地面必须可靠防滑，地面上不允许有油脂、机油和其他会造成危险的物品。必须遵照使用说明操作机器。必须牢固夹紧或撑开所使用的工具和工件。紧身衣和面部防护可以提高安全性。长发要盘在帽子下或用发网束起。在固定式钻床、车床和铣床上夹紧工件时，必须戴上手套。

4. 蓄电池充电间

车辆蓄电池始终必须再次充电一次。为此大多数经销商都将蓄电池从车辆上拆下并放进蓄电池充电间中。蓄电池充电间和正在充电的蓄电池周围禁止出现明火。其原因是，蓄电池充电时释放出氢气，氢气与空气中的氧气混合后产生氢氧混合气体（爆鸣气体）。一旦接触到火花就可能发生爆炸。为防止蓄电池充电间内形成这种混合气体，必须保持通风。不允许挡住通风口。蓄电池与充电器连接时，不要连接蓄电池的接线柱。

连接或断开蓄电池接线之前，必须通过主开关关闭充电器。

进行蓄电池方面的工作时，应戴上防护眼镜和合适的防护手套。

5. 压缩空气

切勿尝试用压缩空气吹落衣服上的水分或灰尘，也不得让压缩空气进入体内。压缩空气可能导致严重伤害。

6. 皮肤保护

进行各项工作时佩戴合适的手套是最好的皮肤保护。但是在某些情况下无法做到这一点。因此工作开始前原则上应涂上护肤膏。皮肤清洁是一种皮肤保护措施，不应使用"强刺激性"的清洗剂。必须彻底洗掉皮肤上的清洗剂，随后涂上护肤膏。应正确选择和使用护肤膏，以保证健康和舒适。其保护作用只能持续约 4 小时。因此应定期对皮肤进行清洁并涂上护肤膏。

7. 焊接工作

焊接时产生的蒸气和烟雾会影响焊接工呼吸的空气。进行焊接工作时必须确保通风良好或使用排风装置。在车辆上焊接时应注意以下安全规定：

- 清除火花飞溅范围内的易燃物品。
- 待焊接的部件及其周围不得有易燃物和清洁剂残留物。
- 拆卸燃油箱、密封接口或遮盖燃油箱时避免燃油蒸气从车辆中溢出。
- 夹住柔性塑料管路或套上防火罩。

通过软管为车辆蓄电池排气。软管端部可能形成爆鸣气体。处理这些部位时必须特别小心。

三、危险物品使用

使用危险物品时存在发生事故和危害健康的危险。这些事故和健康危险包括：

- 有窒息作用的气体可能导致因缺氧而死亡。
- 可能对中枢神经系统、肝脏或其他器官造成损害的物品（如汽油）。

- 可能伤害呼吸系统的刺激性气体(如溶剂蒸气)。
- 可能引起过敏、湿疹、皮肤发红和肤质变化的皮肤伤害性物品。

1. 化工材料

汽车的生产和保养中有可能使用某些带有危险性的材料。下面简要介绍一些在汽车上工作时可能遇到的这类材料。

使用、存储和搬运如溶剂、密封材料、胶粘剂、油漆、树脂泡沫塑料、蓄电池电解液、防冻剂、制动液、燃油、机油和润滑脂之类的化工材料时一定要小心谨慎，轻拿轻放。这些材料可能有毒、有害、有腐蚀性、有刺激性、高度易燃或能产生危险烟雾和粉尘。

过度暴露于化学品中对人产生的影响可能是直接的或缓发的、暂时性或永久性的、累积的，有可能危及生命或折减寿命。

化学材料使用的禁忌：

——不要混合化工材料，除非按照制造厂商的说明进行；某些化学品混合在一起能形成其他有毒或有害的化合物，释放有毒或有害的烟雾，或变成爆炸物。

——不要在封闭的空间，例如，人在车内时喷洒化工材料，尤其是带有溶剂的材料。

——不要加热或火烧化工材料，除非按照制造厂商的说明进行。有些化工材料高度易燃，有些可能释放有毒或有害烟雾。

——切勿敞开容器。释放出的烟雾能积聚至有毒、有害或易爆的浓度。有些烟雾比空气重，会在封闭、低洼部位积聚。

——切勿将化工材料换盛在未作标记的容器内。

——切勿用化学品洗手或洗衣服。化学品，特别是溶剂和燃油，会使皮肤变干并可能产生刺激导致皮炎，或被皮肤吸收大量有毒或有害物质。

——切勿用空容器盛装其他化工材料，除非它们在监控条件下已被清洗干净。

——切勿嗅闻化工材料。短暂暴露于高浓度的烟雾都可能是有毒或有害的。

化工材料使用中的切记事项：

——一定要仔细阅读并遵守材料容器(标签)及任何附带活页、告示或其他的说明上的危险和预防警告。从厂商处可获得化工材料的有关健康和安全数据表。

——皮肤和衣服沾染化工材料后一定要马上清除。更换下严重污染的衣服并清洗干净。

——一定要制定工作规程和准备防护衣具，避免：皮肤和眼睛受到污染；吸入蒸气、悬浮微粒、粉尘或烟雾；容器标签标示不清；引发火灾和爆炸事故。

——搬运化工材料后，一定要在吃饭、抽烟、喝水或上厕所之前洗手。

——要保持工作区域干净、整洁，无溢洒。

——一定要按照国家和当地法规的要求存储化工材料。

——一定要将化工材料保存在儿童接触不到的地方。

2. 车辆废气

车辆废气中含有使人窒息、有害和有毒的化学成分和微粒，如碳氧化物、氮氧化物、乙醛和芳香族烃。发动机应该只在有充分的废气抽排设施或非封闭空间并且全面通风的条件下运行。必须将车辆废气排出到室外，否则有窒息危险。必须使用维修车间内的排风软管并接通排风装置。

3. 空调制冷剂

空调制冷剂属于高度易燃、可燃的特点，因此操作现场要遵守"严禁吸烟"的规定。皮肤接触可能导致冻伤，必须遵循制造商的使用说明。避免明火，要穿戴适当的防护手套和护目镜。

如果皮肤或眼睛接触到制冷剂，应立即用大量清水冲洗受影响部位。眼睛还应使用专用冲洗液清洗，不得揉擦。必要时寻求医疗救护。某些空调制冷剂会破坏大气臭氧层。

空调制冷剂使用禁忌：

——不得将制冷剂容罐暴露于日光或高温下。

——加注时，不得将制冷剂容罐直立，应阀口朝下。

——不得让制冷剂容罐受冻。

——切勿掉落制冷剂容罐。

——情况任何下不得将制冷剂向大气排放。

——不得混用制冷剂，如 R12（氟利昂）和 R134a。

4. 燃油

尽量避免皮肤接触燃油。万一发生接触，要用肥皂和水清洗受侵害的皮肤。燃油高度易燃。遵守"严禁吸烟"的规定。吞下燃油会对口腔和咽喉产生刺激，肠胃吸收后可导致昏睡和神志不清。少量燃油对儿童来说都可能是致命的。长期或反复接触汽油，会使皮肤变干并引起过敏和皮炎。油液进入眼睛会产生严重刺激。车用汽油中含有对人有害的苯，汽油蒸气的浓度必须保持在极低的水平。高浓度会引起眼鼻喉过敏、恶心、头痛、抑郁和酒醉症状。超高浓度会导致意识迅速丧失。长期接触高浓度汽油蒸气可致癌。

目前汽车所用的燃料有：汽油、柴油(轻油)、甲醇、液化石油气及其他燃料。

这里我们要讨论两种最常用的燃料：汽油和柴油。

(1)汽油。

汽油是原油精炼产生的碳氢化合物。汽油是高挥发性的，并生成大量的热。汽油能满足车辆燃油的必要条件(图 2-2-8)。

图 2-2-8　汽油使用要点

* 不含有害物质。

* 高抗爆性能。

* 相对低价。

由于这些原因，汽油可用作汽油发动机的燃料。

注意：

汽油是高挥发性的，并且与空气接触后汽化形成可燃气体。

因为极小的火花都能轻易将其点燃，因此非常危险，必须小心处理。

(2)柴油。

柴油(也称"轻油")是一种碳氢混合物，汽油及煤油从原油中蒸馏出来后，又以 150 ℃～370 ℃(302℉～698℉)从原油中蒸馏出柴油。柴油主要用于运转柴油机。

注意：

* 和汽油不同，柴油也可用作润滑油。不可互换燃油，因为如果误将汽油倒入柴油机，它会损坏喷油泵和喷嘴(图 2-2-9)。

* 柴油根据其流动性可分为不同类型。因为随着温度下降，流动性会降低。根据使用环境(温度)决定使用的类型。

图 2-2-9　柴油使用要点

存储和搬运易燃材料或溶剂时，特别是在电气设备附近或焊接过程中，一定要严格遵守防火安全条例。使用电气或焊接设备之前，要确保没有火灾隐患存在。使用焊接或加热设备时，手边应备有适当的灭火器。

注意：燃油严禁倒入下水道，否则有可能引起爆炸。

5. 发动机油

发动机油会去除皮肤上的油脂并导致皮肤干燥。由此引起的刺激可能导致发炎和皮肤癌。因此使用发动机油时应佩戴手套，或者至少应使用合适的护肤膏。皮肤接触发动机油后应彻底清洁，随后涂抹富含油脂的快速吸收型护肤膏。溅有机油的衣服应立即更换，切勿将带机油的抹布放入口袋内。

6. 防冻剂

防冻剂高度易燃、可燃。用于汽车冷却系统、制动器气压系统和风窗清洗液。冷却液防冻剂(乙二醇)受热时会释放蒸气。避免吸入这类蒸气。防冻剂可通过皮肤吸收，引起中毒或伤害。防冻剂如果误食可能致命，应立即求医。

任何与普通食品加工或自来水供应管路连接的冷却用或工业用水系统不许使用这类防冻剂产品。

→ 任务实施

1. 工作任务

个人防护的具体应用。

2. 工作准备

（1）工作场景：实操车间。

（2）主要设备：个人防护用具，护目镜、耳塞或耳罩、防尘口罩、呼吸面罩、皮围裙、棉纱手套、焊接手套、塑胶手套、高压绝缘手套、劳保鞋。

（3）辅助材料：挂图、工作台、卡片纸、喷胶。

3. 具体实施

（1）老师提供设备，学生分成两组进行比赛。

（2）根据图片所示的操作项目(图2-2-10)，两组代表将对应的个人防护用具展示在工作台上。

（3）每一组图展示后，老师总结点评并给小组打分，学生记录。

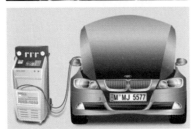

图 2-2-10

任务 3　维修废弃物的处理

任 务 目 标

（1）了解汽车维修中环保的意义。

（2）能叙述工作环境污染的主要内容。

（3）能叙述如何避免产生废弃物。

（4）能叙述废弃物处理的要求。

→ 必备知识

一、环境保护

很多人都谈论环境保护，但没有人知道如何付诸实施。环境保护是指爱惜我们赖以生存的自然界和环境。每个人都可以为环境保护做出自己的贡献，无论是在个人生活中还是在工作岗位上。

为确保下一代能拥有健康完好的生存环境，我们必须注意只将少量有害物质排放到环境中。基于这个原因应尽可能减少环境污染。

在各个市场中必须遵守当前国家现行的法律、法规和指导准则。下面将介绍在现有技术水平下在环保方面我们应当做什么。

1. 车辆方面的环境保护

- 监控点火和燃油混合气制备。

- 正确调校发动机机械机构。

- 汽油发动机和柴油发动机的尾气检测。

- 将污染物排放量和耗油量降至最低。

- 优化车辆保养。

- 适当维修。

- 回收利用旧零件和旧总成。

2. 经销商方面的环境保护

- 节约水资源和能源。

- 使用合乎环境要求的生产设备。

- 避免/降低污染物和噪声排放。

- 收集和废弃处理废油。

- 收集和废弃处理危险物品。

- 分类收集废料、可回收材料和剩余材料，以便回收使用或废弃处理。

- 优化污水处理。

- 持续进行培训和进修。

二、 环境污染

在车辆和技术系统生产和运行时，含有害物质的废气、灰尘、化学物品和废水或噪声造成的环境污染越来越大。

环境污染是：

- 危害人类和动物的健康（致癌物质）。

- 危害植物群系（森林消失）。

- 破坏实物资产（砂岩质建筑物倒塌）。

- 增加污染（煤烟）。

- 损害大气层并引起与此相关的气候变化（臭氧层）。

- 耗损原材料储备（资源减少）。

1. 空气污染

空气污染主要通过燃烧过程中释放出的污染物产生。例如，空气污染物包括一氧化碳（CO）、二氧化硫（SO_2）、未燃烧的碳氢化合物（HC）、氮氧化物（NOx）、烟尘颗粒和含重金属的微尘。空气净化措施是使用无铅燃油、使用催化转换器和使用柴油颗粒过滤器等。

除了氧气和氮气外，空气中还含有少量二氧化碳和惰性气体。但是研究表明依然有一些其他污染物存在于空气中。这些污染物源于雾化状态的液体和扬尘。灰尘微粒吸入肺中会带来危险。例如，石棉就是一种可能致癌的危险物品。进行制动系统和离合器方面的工作时会与灰尘接触。进行这些工作时应保护鼻子/口腔。不允许用压缩空气"吹扫"制动系统，这会造成大量有害微尘进入空气中，也会危害在附近工作的同事。在此应使用制动清洁器。还要使用呼吸保护用具防止吸入油漆磨削灰尘。

2. 水域污染

水域污染主要是由生活污水和工业污水排放引起的。必须根据污染物类型对生活污水中由排泄物和洗涤剂构成的污物以及工业废水中含有的有毒污染物进行相应处理和净化。来自车辆经销商的污水中常常含有沉积物和机油。必须通过合适的措施(例如，油水分离器、沉积物收集和水处理设备)将这些污染物从水中分离出来。这些经过粗略净化的污水与生活污水一起流入污水处理设备进行进一步净化，然后重新流入自然水域中。

3. 土壤和地下水污染

污染物渗入地表中时会造成土壤和地下水污染。主要污染物包括：

- 废机油。
- 化学清洁剂。
- 重金属(铅)。
- 有毒化学物品。
- 施肥过多。
- 农药。

三、 避免产生废弃物

通过谨慎处理可以显著降低那些无法避免和进入废水中的污染物。最好是不向废水中排放污染物。但是有时无法做到。例如，可以通过对环境无害的产品替代像冷清洁剂这样的侵蚀性清洁剂，从而减轻环境污染。只有配备了油水分离器时，才允许使用冷清洁剂。

为使废水处理负担减至最小，不应同时让大量乳化且带有表面活性剂的废水进入油水分离器。如果肥皂液和酸液同时进入废水中，则可能形成乳状液并释放出重金属。在这种情况下汽油分离器和沉积物收集装置无法对废水进行有效处理。

部件的清洁应在采用封闭式液体循环装置的清洁设备中进行。

四、 废弃物处理

1. 废弃物和带有污物的废油

应遵守以下原则：

①避免产生废弃物。

②回收利用废弃物。

③在无法避免产生废弃物和循环利用废弃物的情况下，对废弃物进行分离、分类和废弃处理。

例如，可以通过使用废弃的包装材料来避免产生废弃物。

回收利用的意义在于，将诸如已知来源的废油、有色金属废料、纸张等有价值物质作为原料再次投入到经济循环中。除回收利用外也可以通过回收循环转化为能量。转化为能量时在不污染环境的情况下燃烧这些废弃物并利用其产生的热能。

一些废弃物无法回收利用，其中包括来自沉积物收集装置的物质、带有污物的废油、清洗零件后的油水混合物。这些废弃物必须按环保要求清除。

2. 不带污物的废油

不带污物的废油包括换油时收集的发动机油和变速箱油。这些机油应存放在一个容器内。如果无法排除废油中含有的汽油、溶剂、制动液等物质，则认为废油带有污物。

用过的机油，即所谓废油，绝不允许与制动液、汽油、稀释剂、冷却剂和类似物质混合！否则无法进行回收处理。

废油也可以再次回收处理。如果每千克废油中PCB（多氯化联二苯）含量为20 mg或20 mg以上，或者每千克废油中卤素含量为2 g或2 g以上，则废油不具备可回收性。这些废油应按环保要求进行燃烧处理。

五、 水资源保护

很多国家都以法律的形式对地表水域、近海水域和地下水源的使用做出了规定。带有有害污染物的废弃物排放到公共水域或河流渠道之前必须根据当前技术水平进行净化。

危害水资源的物质

对水域的物理、化学或生物特性有不利影响的物质如下。

• **对水资源危害较大**

废油、润滑油、溶剂、汽油。

• **对水资源有危害**

制动液、柴油、燃料油。

- **对水资源危害较小**

蓄电池酸液、冷却液、石油。

车辆经销商应遵守以下规定或建议：

- 将带有电解液的旧蓄电池存放在塑料盒内。
- 将旧染料和油漆存放在金属容器中。
- 将已知来源的废油存放在双层可密封的容器中。

将所产生的废水分为需要处理和不需处理的废水。需要处理的废水在排放到河流沟渠或地表水域中之前必须进行净化。在此可以使用沉积物收集装置和汽油分离器进行净化。污物可能是机油、燃油、清洁剂、金属屑、油漆颗粒或污染物颗粒。污水中所含的固态物质在沉积物收集装置内沉淀出来，在汽油分离器中较轻的液体可因其较小的密度从水中分离出来。无须处理的污水可以直接排放到河流沟渠或地表水域中。

六、 化学物品

化学物品和有害物质必须标明。这些物质可能对人类健康和环境造成危害。这些物质及其准备过程可能具有爆炸危险、氧化性、高易燃性、较高易燃性、易燃性、高毒性、毒性、低毒性、腐蚀性、刺激性、过敏性、致癌性、不孕、遗传病变和慢性伤害等特性和/或对环境造成危害。

七、 危险物品

危险物品是指毛刷清洁剂、溶剂、燃油和酸液等具有危险的物品。

使用危险物品时必须注意：

- 危险物品必须标明。
- 危险物品必须按照规定使用。
- 危险物品必须按照规定存放。
- 存放危险物品的容器不允许与存放食品的容器混淆。

不允许将溶剂存放在饮料瓶中！

- 危险物品不允许由非企业员工和非授权人员保管，且必须保持密封。

八、 回收利用

车辆中使用的材料具有很高的经济价值，其中很多材料可以在生产循环中重复使用，因此可以降低生产成本和废弃物处理成本（表2-3-1）。

表 2-3-1

原材料	所占比重
钢铁	70％
橡胶	9％
塑料	8％
玻璃	3％
铝	3％
铜、锌、铅	2％
其他非金属材料	1％
其他	4％

以下材料必须分开收集：

- 经销商内部收集的废油。
- 来源于经销商外部的废油。
- 稀释剂。
- 冷清洁剂和除锈剂。
- 制动液。
- 冷却液。
- 玻璃。
- 橡胶和塑料。
- 纸张和纸板。
- 蓄电池酸液。
- 蓄电池。
- 抹布。
- 油漆废料。

那些随意将物质混合且认为没有人会发现的人很快会受到教训。废油精炼厂会检测运送来的废油中是否有杂质。研究表明，超过规定限值时必须将槽车中装载的废油全部进行废弃处理。肇事者必须对损失进行赔偿。

九、 工匠巡礼

徐俊昌，杭州市拱墅区城市管理局下属国有企业——杭州宸运环境工程有限公司电焊工。十八年来，徐俊昌的工作岗位换了不少，但从来没有脱离环卫战线。电焊枪是他的"扫把"，垃圾车是他的"马路"。他在脏与臭中苦心钻研，自创"烧电焊"工作法，是大家眼中的技术达人，累计修理环卫作业设备 500 余台次，为单位节省了数百万经费。除了被评为全国劳动模范以外，徐俊昌还曾连续两届当选

图 2-3-1

杭州市党代表，2017 年荣获全国五一劳动奖章，2019 年被评为杭州城管系统"行业工匠"。

党的二十大报告中提出，我们要坚持绿水青山就是金山银山的理念，坚持山水林田湖草沙一体化保护和系统治理，全方位、全地域、全过程加强生态环境保护，生态文明制度体系更加健全。因此环境保护既可以通过垃圾的分类回收，也可以通过岗位技术的创新来实现。

→ 任务实施

1. 工作任务

尊重自然、顺应自然、保护自然，是全面建设社会主义现代化国家的内在要求。必须牢固树立和践行绿水青山就是金山银山的理念，站在人与自然和谐共生的高度谋划发展。因此请大家根据任务要求进行废弃物的分类应用。

2. 工作准备

（1）工作场景：实操车间。

（2）主要设备：垃圾分类的挂图，准备一些车间常有的废弃物，如废机油、配件包装盒、旧蓄电池、旧安全气囊、旧制动片、用完的清洗剂瓶、用完的制动液瓶、过期的密封剂、旧

防冻剂等。

（3）辅助材料：挂图、工作台、卡片纸、喷胶。

3. 具体实施

（1）将学生分成 3 组，每组对应一类垃圾分类图标（图 2-3-2）。

（2）小组理解本组图标的含义，并归纳汽车维修中哪些属于该类废弃物，并完成挂图。

（3）老师提供部分车间维修中的废弃物，小组找出属于本组类别的废弃物。

图 2-3-2　垃圾图标

紧急情况的处理

(1)了解新能源汽车高压电系统维修时的急救措施。

(2)能叙述紧急情况下的安全急救措施。

➔ 必备知识 ●

一、 基础知识

混合动力车辆中高电压系统的技术安全措施可有效防止对人产生健康危害。如果发生带电流的事故，则重要的是知道如何正确救助遭遇事故的人。

对于许多人来说，紧急救助遭遇事故或受伤的人是一件困难的事。害怕做错常常会抑制人去做。但是每个人都能提供紧急救助，即使"只是"通知急救医生，也已经算是正确且对遇到事故或受伤的人有帮助。救助伤员也是每个人道义上的责任。在某些国家救助甚至是法定的责任。

本书不可能介绍有关急救措施的所有相关主题。在此仅介绍一些基本原则和发生电气事故时的特殊措施。

当地救护和救援服务机构(如红十字会)提供相应的培训措施，借此人们不仅可以掌握急救措施方面的大量知识，而且能够获得实际救护能力。

因为通常碰到遇事故人总是出乎意料，对救助人来说也是例外情况，所以建议从精神方面为这类情况做好准备。首先不要立即或匆忙地开始正式救助，而是按以下方式处理：

第一步判断；

第二步思考；

第三步行动。

发生电气事故时，第一步的判断非常重要，因为后续步骤在很大程度上取决于判断(图 2-4-1)。通过什么能够判断出是电气事故？以下特征表明可能发生了电气事故。

• 遇事故人仍与发生事故的电路接触。他无法移动，因为电流流过身体时会造成肌肉抽搐。

图 2-4-1 第一步：判断电气事故

- 一个（或多个）人躺在地上失去知觉：通过身体的电流较高时，人的心脏会停止跳动，血液循环中断，其结果是失去知觉。
- 遇事故人身体上带有点状烧伤。始终有一个电流进入身体的部位和一个流出身体的部位。
- 遇事故人可能处于休克状态。对此可能表现为过度兴奋或无精打采。

第二步应思考按哪个顺序做（图 2-4-2）。尤其是发生电气事故时，自我保护是第一位的。如果救助人自身处于危险中或受伤，则无法为遇事故人提供救助。

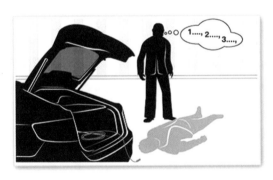

图 2-4-2 第二步：思考

第三步是行动（图 2-4-3）。只有清楚措施顺序，才能迅速且目标明确地行动。如果有其他人在现场，也应当分派具体任务。通过这种方式提供救助可能比每个人单独行动更有效且更迅速。

所有救助行动的总目标是，在不危害健康的情况下尽可能保证遇事故人活下来。即使救助人没有经验，为此也需要尽快救助。但是还需要由受过医疗培训的人采取后续行动，以便能够完全痊愈。必须执行所有具体步骤（按正确顺序），只有这样所谓的救助链才完整无缺（图 2-4-4）。

图 2-4-3　第三步：行动

索引	说明
①	紧急措施
②	拨打紧急电话
③	急救措施
④	通过救援服务机构救援
⑤	后期医疗护理

图 2-4-4　救助链

二、紧急措施

概念"紧急措施"可以理解为为挽救遇事故人而必须首先进行的行动。尽管如此，重要的还是救助人。首先估计事故情况并判断是否属于带电流的事故。

发生带电流的事故时，第一个紧急措施是断开事故电路。

电流流过人体时可能造成受重伤。电流强度越大，电流持续时间越长，受伤越严重。因此，救助遇事故人的首要措施是断开事故电路（图 2-4-5）。

每个救助人的自然反应是抓住遇事故人并将其从带电部件上拉下来。但是救助人会因此

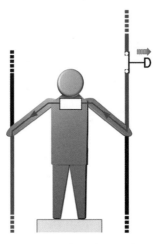

图 2-4-5　断开事故电路

将自身置于危险中。此后电流流过两个人的身体并造成救助人受伤。因此，开始时救助人应正确估计当前情况，并首先考虑自我保护非常重要。

救助时自我保护具有最高优先等级。救助人不得为断开事故电路而直接抓住遇事故人。而是必须借助专门预留的装置关闭电源。

可采用以下几种方式关闭混合动力车辆上事故电路的电源。

- 拉起高电压安全插头；
- 断开 12 V 供电（例如，通过断开 12 V 蓄电池接线）；
- 拔下熔丝（如果存在）。

如果救助人不能在无危险的情况下关闭电源，则必须以其他方式断开事故电路。为此救助人需使用绝缘用品，最好是绝缘防护手套（图 2-4-6）。只有这样，才允许救助人尝试将遇事故人与带电部件分开。在特殊情况下也可以用位于附近的塑料部件或干木材将遇事故人与电路分开。只有使用这类用品，才能减小或排除电气事故给救助人带来的危险。

三、　拨打紧急电话

每次发生电流引起的事故时，都必须请专业医生实施救助。为此用电话或移动电话拨打紧急电话（图 2-4-7）。即使发

图 2-4-6　绝缘防护手套

生其他类型的事故时也应拨打紧急电话，尤其是遇事故人失去知觉或明显受重伤时。

图 2-4-7　拨打紧急电话

每位售后服务人员都必须知道其工作地点处的紧急呼叫号码。

拨打紧急电话时，必须向急救服务机构的通话人说明以下信息：

- 事故发生在何处？
- 发生了什么？
- 多少人受伤？
- 事故或受伤类型？

四、急救措施

如果遇事故人失去知觉和/或不再呼吸，则需要采取急救措施。这些措施用于维持生死攸关的机能，直至急救服务机构到达事故现场。护理受伤的人也属于急救措施范畴。

必须将失去知觉，但是还能呼吸的遇事故人置于侧卧状态(图 2-4-8)。

图 2-4-8　侧卧

遇事故人失去知觉且不再呼吸，必须立即开始心肺复苏措施(图 2-4-9)。

索引	说明
①	胸腔按压
②	人工呼吸

图 2-4-9　心肺复苏措施

心肺复苏措施包括交替按压胸腔和人工呼吸。必须持续执行措施，直至遇事故人恢复呼吸能力或救援服务人员到来。

发生带电流的事故时会出现心室颤动。此后心脏不再以大节奏运动方式跳动，而是以微小的高频运动方式跳动。这种状态与颤栗类似，不再输送血液。这也会带来严重的生命危险。救助人可以从外表感觉到呼吸和心跳停止。心室颤动可以通过所谓的除颤器结束，因此可提高遇事故人苏醒的机会。救援服务机构也使用这类设备。在此也可以使用自动工作的除颤器，没有经验的人也可以操作这种除颤器(图 2-4-10)。实际上排除了操作错误，设备自动决定是否需要除颤。

索引	说明
①	用于表示除颤器存放箱或运输袋的符号。
②	自动除颤器

图 2-4-10　除颤器

如果有自动除颤器，则应在遇到事故、失去知觉和不再呼吸时使用。

烧伤时必须用流动的冷水冷却，直至疼痛减轻。然后用无菌纱布盖住。如果烧伤的同时神志不清且血液循环有问题，则优先采取复苏措施。

可以到当地救护和救援服务机构学习有关急救措施方面的详细知识并进行实际练习。

五、 通过救援服务和后期医疗护理提供帮助

采取急救措施后立即进行救援服务工作。通过继续执行心肺复活措施、使用除颤器和/或药品进一步稳定或改善遇事故人的健康状态。在此，救助链还未结束。

每次发生带电流的事故时，都必须到医院检查。

其原因是，电流不仅有短期危害健康的作用，而且影响可能在几个小时、几天或几个星期后才出现。例如，电流流过人体时产生蛋白质，这些蛋白质必须通过肾脏排出。如果降解量过大，则发生事故几天后可能导致肾衰竭。

取决于事故严重程度，遇事故人必须到门诊检查、在医院观察或复查。只有这样才能避免出现并发症和造成永久性健康损害。

⊙→ 任务实施 ─────────────────────────────── ●

1. 工作任务

个人防护的具体应用。

2. 工作准备

（1）工作场景：实操车间。

（2）主要设备：医疗急救人偶。

（3）辅助材料：挂图、工作台、卡片纸、喷胶。

3. 具体实施

(1)将学生分成两组，分别完成救助链挂图和心肺复苏措施挂图。

(2)进行触电事故模拟演习，小组完整演示救助链（图2-4-11）。

(3)演习过程中利用道具完成急救措施（心肺复苏）。

图 2-4-11　模拟触电事故演示求救链

→ 工匠精神 ————————————————————————

2. 专注。专注就是内心笃定而着眼于细节的耐心、执着、坚持的精神，这是一切"大国工匠"所必须具备的精神特质。从中外实践经验来看，工匠精神都意味着一种执着，即一种几十年如一日的坚持与韧性。"术业有专攻"，一旦选定行业，就一门心思扎根下去，心无旁骛，在一个细分产品上不断积累优势，在各自领域成为"领头羊"。在中国早就有"艺痴者技必良"的说法，如《庄子》中记载的游刃有余的"庖丁解牛"、《核舟记》中记载的奇巧人王叔远等。

常用维修工具的使用

　　在车辆维修过程中，需要使用各式各样的工具，必须借助相关工具才可以完成操作。

　　常用维修工具的使用的学习主要包括了拆装工具的使用、测量工具的使用和专用设备的使用三个任务。

　　通过本项目的学习，要在知识、技能、行为习惯、职业素养等方面达到以下相关要求。

学习内容及评价标准

序号	学习内容(知识、技能、行为习惯、职业素养等)	评价标准			
		了解知道	理解掌握	指导下操作	独立操作
1	维修工具的分类				✓
2	拆装工具的使用			✓	
3	测量工具的使用			✓	
4	专用设备的使用			✓	
5	5S 的训练				✓
6	团队精神的养成		✓		

任务 1 MISSION 拆装工具的使用

任 务 目 标

(1)能分辨拆装工具的类型。

(2)能叙述拆装工具的名称。

(3)能根据维修任务的要求选择适合的工具完成练习。

→ 相关知识

一、扳手

扳手的作用是拧紧或松开螺栓或螺母。常用的普通扳手有单头扳手、双头扳手和等双头扳手，如图 3-1-1 所示。

单头扳手

双头扳手

等双头扳手

图 3-1-1　常用扳手

扳手的开口端一般与手柄成 15°角，这样即使在有限的空间也可以变换扳手的方向来轻松地转动螺栓或螺母。如图 3-1-2 所示，扳手的尺寸用夹住螺栓或螺母的对边宽度来表示。

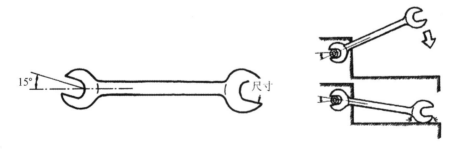

15°

尺寸

图 3-1-2　换向使用扳手

扳手使用时的重要提示：

(1)选择与螺栓或螺母相配的扳手，并且能够正确结合，如图 3-1-3 所示。

错误　　　　　　错误　　　　　　正确

图 3-1-3　扳手的选择

(2)使用扳手时应拉动扳手，这样更安全，如图 3-1-4 所示。如果推动扳手，可能向前移动不顺，手也可能碰到其他零件，扳手从螺栓或螺母中滑落时手可能会受伤。进一步说，如果用另一只手握住把手和螺栓或螺母结合处，则更安全可靠。如果由于一定原因必须向前推扳手，把手张开推。这样即使工具滑落，也不会造成太大伤害(这一警告同样适用于类似工具或套筒扳手)。

错误　　　　　　正确　　　　　　　正确

图 3-1-4　推扳手与拉扳手

(3)即使扳手同螺母或螺栓可靠结合，如果突然用很大的力气拧紧/松开螺母或螺栓，应注意扳手的开口有可能松开。

(4)扳手手柄的长度取决于扳手开口的尺寸，这样才能用适于螺栓或螺母尺寸的扭矩进行拧紧。所以，不要把两把扳手接合使用，不要在扳手手柄上加套管来加长手柄，也不要用锤敲扳手来代替用手推扳手，如图 3-1-5 所示。如果这样使用扳手，扭矩会变大，将可能导致损坏螺栓和扳手，甚至导致严重事故。所以，绝对不要这样使用扳手。

图 3-1-5　扳手的错误使用

(5)当需要用大扭矩时，使用梅花扳手或套筒扳手。

二、 梅花扳手

梅花扳手比普通的扳手易于使用，因为它完全包住了螺栓或螺母的顶端部。同时，由于它的手柄比普通的扳手长，可以获得更大的扭矩。

油管螺母扳手在头部切去一块，用来拧紧燃油泵的连接管路、制动连接管路以及类似管路的螺母。

常见的梅花扳手如图 3-1-6 所示。

弯颈扳手　　　　　　油管螺母扳手　　　　　梅花—开口组合扳手

图 3-1-6　常见的梅花扳手

梅花扳手使用时的重要提示：

(1)但是在开始松开或结束拧紧螺栓或螺母时，它更方便。

(2)使用适用于螺栓或螺母尺寸的梅花扳手，这样梅花端部与螺栓或螺母的头部平行，并拉动扳手，如图 3-1-7 所示。

错误　　　　　　　　　　　正确

图 3-1-7　梅花扳手的使用

(3)不要使用锤或类似物敲击扳手手柄，或在螺栓还没有松开时就连接金属管。这些动作可能会导致损坏螺栓或工具。如果用锤轻轻敲击螺栓或螺母，将有助于松开螺栓或螺母。

三、 螺钉旋具（改锥）

螺钉旋具俗称改锥，用来拧紧或松开螺钉。

有各种形状的螺钉旋具头，如图 3-1-8 所示。螺钉旋具有各种型号和规格，如图 3-1-9 所示。

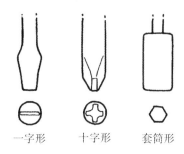

一字形　　　十字形　　　套筒形

图 3-1-8　螺钉旋具头类型

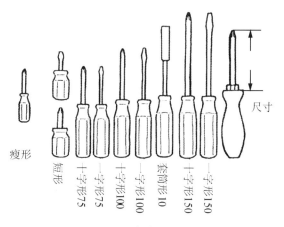

图 3-1-9　各种螺钉旋具

螺钉旋具使用时的重要提示：

(1)螺钉旋具的头部和螺钉槽必须匹配。

(2)螺钉旋具头必须可靠地同螺钉槽接合，如图 3-1-10 所示。

(3)不要使用小号螺钉旋具去松大号螺钉。配合尺寸不合适将有可能损坏螺钉槽或螺钉旋具头。

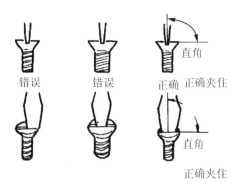

图 3-1-10　螺钉旋具头与螺钉槽的结合

（4）如图 3-1-11 所示，即使螺钉很紧不能松开，也不要击打螺钉旋具。使用带六角接头的螺钉旋具并用扳手旋转它，或使用专门设计的击打螺钉旋具，能够更容易地松开螺钉。

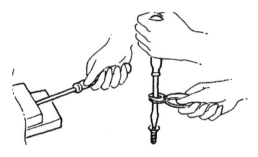

图 3-1-11　螺钉旋具的错误使用

四、钳子

钳子分通用钳子和专用钳子两种类型。通用钳子用于夹持、弯曲、扭转和切断物体或其他用途，而专用钳子用于安装、拆卸活塞环或卡环。

1. 组合钳

组合钳一般简称钳子（或鲤鱼钳），如图 3-1-12 所示。钳子的开口有大小两种调节方式，因此适用于各种工作。同时，钳爪的底部可以切断电线一类的物体。

图 3-1-12　组合钳

不要使用钳子松开/拧紧螺栓或螺母。如果这样使用钳子，螺栓或螺母的边可能会被咬掉。

2. 尖嘴钳

尖嘴钳的端部细而长，如图 3-1-13 所示。它用于组合钳无法使用的狭窄地方或在孔中夹持销子之类的物体。

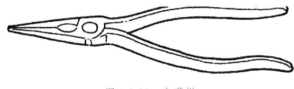

图 3-1-13　尖嘴钳

3. 扁口钳

扁口钳，如图 3-1-14 所示。不要用扁口钳切硬物体，以免损伤钳子刀口。

图 3-1-14　扁口钳

4. 克丝钳

克丝钳也被称为老虎钳，可用于各种操作，如切断粗电线之类的物体，夹持和弯曲物体，如图 3-1-15 所示。

使用克丝钳切断粗电线时，不要用锤子敲击钳子，以免损伤刀口。

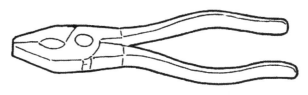

图 3-1-15　克丝钳

5. 水泵钳

水泵钳的开口可以多级调整，适用于夹持普通组合钳不能可靠夹持的各种大小尺寸的物体，如图 3-1-16 所示。

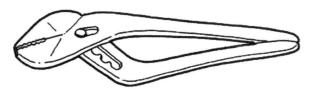

图 3-1-16　水泵钳

6. 大力钳

大力钳用于需要夹紧力较大的地方。这种钳子能够轻松拆卸损坏的螺栓或卡住的螺母，如图 3-1-17 所示。

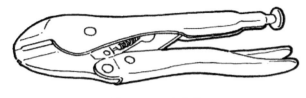

图 3-1-17　大力钳

7. 卡环钳

卡环钳用于拆卸/安装卡环。有两种类型：一种端部张开；另一种端部合上，如图 3-1-18 所示。

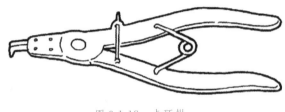

图 3-1-18　卡环钳

五、 可调扳手（活动扳手）

根据螺栓或螺母的尺寸，通过转动调整螺钉来移动可调爪，可调扳手的开口宽度可变宽或变窄，如图 3-1-19 所示。

可调扳手可用于非标准尺寸的螺栓或螺母，如空调金属管的连接处等，此时用标准扳手会不合适。

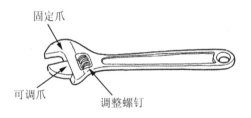

固定爪

可调爪

调整螺钉

图 3-1-19　可调扳手

使用时的重要提示：

(1)使用可调扳手前，先调整好适于螺栓或螺母的开口宽度，如图 3-1-20 所示。如果可调扳手的夹持太松，螺栓或螺母的边可能会被咬掉。

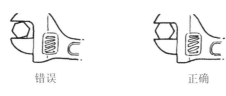

错误　　　　　　　　　正确

图 3-1-20　调整可调扳手的开口宽度

(2)可调扳手的结构决定了固定爪比可调爪能够承受更大的力,夹持物体更可靠,所以应把可调扳手的固定爪放在上侧,如图 3-1-21 所示。如果把可调扳手的可调爪放在上侧使用,螺栓或螺母有可能从可调扳手中滑出,并且螺栓或螺母的边可能会被咬掉。

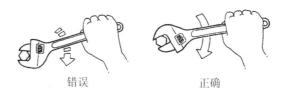

错误　　　　　　　　　正确

图 3-1-21　固定爪应在上侧

六、 套筒扳手组合工具

通过组合使用扳手和各种手柄或延长杆等,如图 3-1-22 所示,套筒扳手可适用于各种尺寸的螺母,并能够安全迅速地处理难以接近的螺母。

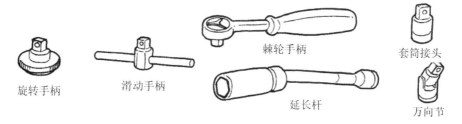

旋转手柄　　滑动手柄　　棘轮手柄　　套筒接头

延长杆　　万向节

图 3-1-22　手柄、延长杆、套筒接头和万向节

常用套筒接口宽度(对边)为 9.5 mm(3/8 英寸)或 12.7 mm(1/2 英寸)。梅花端有两种类型:六角的和十二角的。其中,十二角的更常用,如图 3-1-23 所示。

9.5 mm　　12.7 mm

六角　　十二角

图 3-1-23　套筒扳手端部

使用时的重要提示：

1. 套筒

①使用能可靠套住螺栓和螺母的尺寸的套筒扳手（图3-1-24），这样才能够安全工作，螺栓或螺母端部的边角不会被咬掉，套筒也不会变形。

②把接头、万向节、延长杆、手柄等连接到套筒时（图3-1-25），确保各个连接都是可靠的。不可靠的连接将导致操作时脱离和意外伤害。

③如果把一个通用套筒与一个受冲击作用的扳手相连接使用，冲击很容易损坏套筒孔的顶部。在这种情况下，要使用专门设计的套筒。

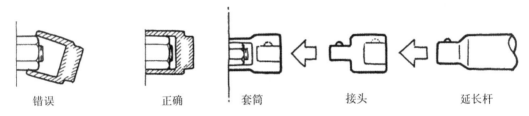

| 错误 | 正确 | 套筒 | 接头 | 延长杆 |

图 3-1-24 选用正确尺寸的套筒扳手　　图 3-1-25 接头、延长杆与套筒的连接

2. 延长杆和万向节

①当螺母在很深的凹进处，套筒不能套到螺母上时，使用合适长度的延长杆使操作变得可行。延长杆有各种长度，应该选择便于工作的延长杆。

②在延长杆不能直立插入的地方，使用万向节能使操作变得可行，如图3-1-26所示。

③工作中结合使用延长杆和万向节应小心，因为套筒容易从螺母上脱离。此外，当延长杆倾斜时，注意无法提供准确的扭矩。

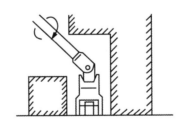

图 3-1-26 延长杆和万向节的配合使用

3. T 形滑动手柄

这是套筒和十字杆的组合，通过改变两者的相对位置，可以用多种扭矩进行紧固，如图 3-1-27 所示。

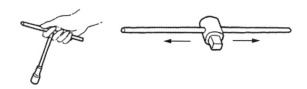

图 3-1-27　T 形滑动手柄

4. 棘轮手柄

棘轮手柄(图 3-1-28)能够使套筒保持在螺栓或螺母上，只在一个方向上快速转动螺栓或螺母。拨动棘轮锁杆就能使转动方向相反。不要在手柄上使用过大的作用力，否则会损坏棘轮。需要大的作用力时使用旋转手柄。

图 3-1-28　棘轮手柄

5. 旋转手柄

套筒和旋转手柄间使用万向节。杆弯成直角时提供很大的作用力来松开紧固的螺栓或螺母；螺栓或螺母松动后，拉直手柄或倾斜至合适的角度能够快速转动螺栓或螺母，如图 3-1-29 所示。

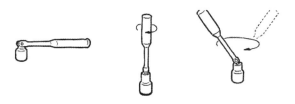

图 3-1-29　旋转手柄的使用

6. 火花塞套筒

①火花塞套筒专为安装和拆卸火花塞而设计。内部磁铁能够牢固吸引住火花塞，从而使工作更轻松，如图 3-1-30 所示。

②火花塞套筒加上长度合适的延长杆和棘轮手柄，能够轻松地安装或拆卸难以触及的火花塞。

③在火花塞上要直立使用火花塞套筒，倾斜使用将损坏火花塞绝缘体，如图 3-1-31 所示。

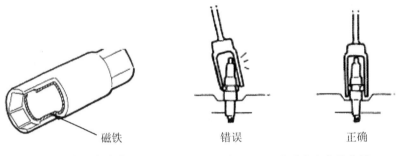

图 3-1-30　火花塞套筒　　　　　图 3-1-31　火花塞套筒的使用

→ **任务实施** ─────────────────────────────

1. 工作任务

拆装工具的使用操作。

2. 工作准备

（1）工作场景：理实一体化教室。

（2）主要设备：扳手、螺钉旋具、钳子、螺母螺栓、螺钉、多媒体设备、白板、教学三脚架。

（3）辅助设备：抹布、挂历白纸、白板笔、卡片纸、喷胶。

（4）配件耗材：电线、铁丝。

3. 工作步骤（表 3-1-1）

表 3-1-1　实施步骤

作业内容	图　解	技　术　规　范
1. 选择扳手	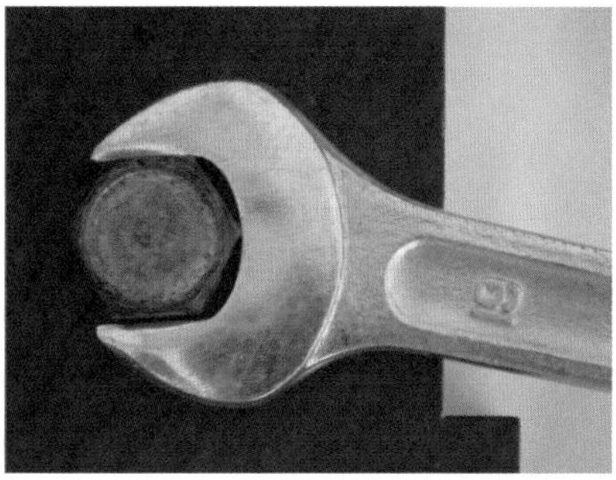	**技术要求** 　1. 观察需拆卸的螺栓或螺母 　2. 选择与螺栓或螺母相配的扳手 　3. 确保扳手与螺栓或螺母能够正确结合
2. 拆装螺栓或螺母	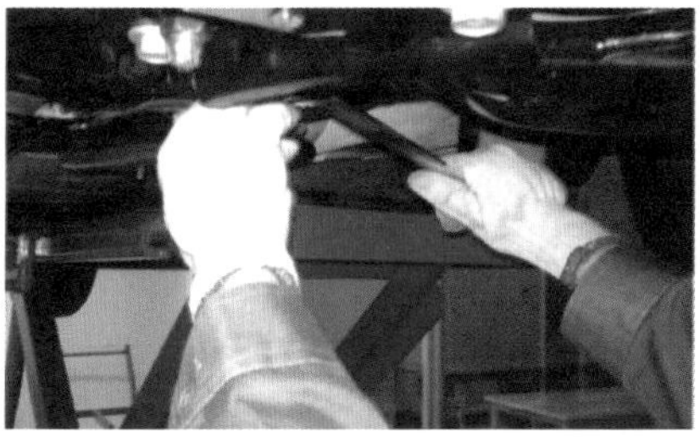	**技术要求** 　1. 使用扳手时应拉动扳手 　2. 手臂与工具应呈 90°夹角 　3. 应佩戴手套进行操作 **注意事项** 　1. 使用扳手时，不要推动扳手 　2. 不要把两把扳手接合使用 　3. 不要在扳手手柄上加套管来加长手柄
3. 螺栓或螺母过紧的处理		**技术要求** 　1. 螺栓或螺母生锈或者过紧时，可使用除锈润滑剂喷涂在需拆卸的螺栓或螺母表面，等待几分钟后再进行拆卸 　2. 或者使用锤子轻轻敲击螺母表面，再进行拆卸 　3. 使用梅花扳手或者套筒扳手进行拆卸

作 业 内 容	图　　　解	技 术 规 范
4. 扳手使用时注意事项		**易发问题** 　1. 把两把扳手接合使用 　2. 在扳手手柄上加套管来加长手柄 　3. 用锤敲扳手来代替用手推扳手
5. 螺钉的拆装		**技术要求** 　1. 螺钉旋具头和螺钉槽必须匹配 　2. 螺钉旋具头必须可靠地同螺钉槽结合
6. 螺钉旋具使用时注意事项		**易发问题** 　1. 将螺钉旋具当杠杆使用 　2. 用钳子夹住螺钉旋具用力拧 　3. 用锤子击打螺钉旋具

作业内容	图　解	技 术 规 范
7. 钳子的认知		**技术要求** 　　钳子的种类较多，应用于不同的场合，根据工作要求选择相应的钳子
8. 剪切电线		**技术要求** 　　使用钳子可以剪切电线一类物品 **注意事项** 　　1. 不可剪切较粗的铁丝，以免损伤切口 　　2. 不可剪切带有高压电的电线，以防造成人员伤害
9. 弯曲铁丝		**技术要求** 　　使用克丝钳的前端夹住铁丝的一端，以实现弯曲
10.5S 工作		**技术要求** 　　1. 认真做好地面清扫，确保地面干净整洁 　　2. 等待值班教师检查合格方能离开 　　3. 规范放置扫除用具，带走垃圾，锁好教室门

任务 2　测量工具的使用

任　务　目　标

(1)会根据不同的被测物选择合适的测量工具。

(2)会进行游标卡尺的操作和识读。

(3)会进行外径千分尺的操作和识读。

(4)会进行百分表和磁性表座的操作和识读。

➡ 相关知识

一、游标卡尺

1. 游标卡尺的组成

游标卡尺是精密量具，读数单位为 0.05 mm，有的为 0.02 mm。游标卡尺主要由一个带固定量爪的刻度尺和一个滑动量爪组成，如图 3-2-1 所示。刻度尺为主尺，滑动量爪带有游标尺。

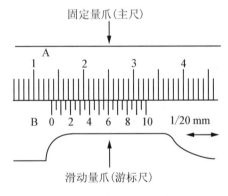

图 3-2-1　固定量爪和滑动量爪

2. 游标卡尺的分类

游标卡尺可以用来测取内部和外部尺寸。测内部尺寸时，要使用相应的测内径量爪。汽车修理车间所用的游标卡尺基本有标准游标尺、表盘游标尺和数字式游标尺三种型式，如图 3-2-2 所示。

（a）标准式　　　　　　　（b）表盘式　　　　　　　（c）数字式

图 3-2-2　各种游标卡尺

3. 游标卡尺的识读

主尺按毫米分度，每 10.00 mm(1 cm)刻线处标有数字 1，2，3，4 等。游标卡尺有 20 个刻线，每 4 个刻线处标有数字 2，4，6，8 等。下面以图 3-2-1 为例说明游标卡尺的读数方法。

第 1 步：读取主尺上位于游标卡尺零线前面的整刻线数，结果为 13.00 mm。

第 2 步：读取游标卡尺上与主尺刻线重合的最近的 0.05 mm 刻线数，结果为 0.45 mm。

第 3 步：将各读数加在一起，即

$$13.00 \text{ mm} + 0.45 \text{ mm} = 13.45 \text{ mm}。$$

二、　工匠巡礼

郑志明，集车、钳、刨、铣等技能于一身的全能型工匠。

他身怀绝技，手工锉削平面可将零件尺寸误差控制在 0.003 毫米以内、手工画线钻孔的位置误差控制在 0.05 毫米以内，全国一流。他自学机器人编程等前沿技术，成为自动化技术方面的"土专家"，带领团队自主研制完成工艺装备 900 多项。

图 3-2-3

从职高毕业的钳工学徒，到技术精湛的大国工匠，再到在党的二十大代表团讨论会上向习近平总书记汇报，今年 45 岁的他是大家口中令人敬佩的汽车"智"匠"郑师傅"。

→ 任务实施

1. 工作任务

游标卡尺的操作与识读。

2. 工作准备

(1)工作场景：理实一体化教室。

(2)主要设备：游标卡尺、多媒体设备、白板、教学三脚架。

(3)辅助材料：抹布、挂历白纸、白板笔、卡片纸、喷胶。

3. 工作清单（表 3-2-1）

表 3-2-1　工作清单

序号	作业内容	完成情况
1	准备工作	
2	检查测量工具	
3	清洁测量工具	
4	对测量工具进行校准	
5	清洁被测量部件	
6	选择被测量点	
7	正确选择直径"深度""厚度"长度的方法	
8	测量尺寸	
9	锁止	
10	正确读数	
11	取下游标卡尺	
12	记录数据	
13	5S 工作	

4. 工作步骤（表 3-2-2）

表 3-2-2　游标卡尺的操作与识读

作业内容	图　　解	技 术 规 范
1. 准备工作		**技术要求** 1. 操作台干净整洁 2. 工具摆放整齐

作业内容	图 解	技 术 规 范
2. 校准		**技术要求** 1. 将游标卡尺的固定量爪和活动量爪合起 2. 此时主尺和副尺的 0 值刻度线应当重合，无误差
3. 测量外部尺寸		**技术要求** 1. 将游标卡尺卡住被测物体的外侧 2. 旋紧游标卡尺上的固定螺母 3. 读取刻度值
4. 测量内部尺寸		**技术要求** 1. 将游标卡尺卡在被测物体内侧 2. 旋转游标卡尺上的固定螺母 3. 读取刻度值
5. 测量深度		**技术要求** 1. 将游标卡尺的深度测量杆插入被测物体的槽中 2. 旋转游标卡尺上的固定螺母 3. 读取刻度值

续表

作业内容	图解	技术规范
6.测量直径		**技术要求** 1.将游标卡尺卡住被测物体的外侧 2.旋紧游标卡尺上的固定螺母 3.读取刻度值
7.5S工作		**技术要求** 1.对工具和设备清洁，并放回原位 2.整理场地 3.清扫场地

二、外径千分尺

1. 外径千分尺的组成

外径千分尺是一个螺旋式量具，包括一个带测砧的尺架和一个支撑测轴的螺纹套。转动活动套的滚花部分，可使测轴相对测砧旋进旋出。

图3-2-4所示的外径千分尺装的是一个短测砧，有多种不同尺寸的测砧以适应不同的用途。

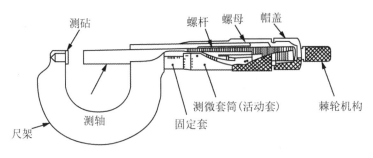

图 3-2-4 外径千分尺的组成

2. 外径千分尺的识读

用外径千分尺测量时，被测工件放在测砧和测轴端头之间。所用外径千分尺的规格决定于被测工件的大小。转动活动套调整测轴，直到测轴与测砧和工件轻轻接触，从固定套和活动套上的刻度可读出尺寸。

为了准确起见，要保证测砧与测轴和工件轻轻接触，同时外径千分尺与接触面呈垂直状态。

千分尺上有两个给出读数的标尺，一个在固定套上，另一个在活动套上，如图 3-2-5 所示。调节千分尺测取读数时，转动活动套带动测轴，同时使活动套沿固定套上的主标尺移动。另外，随着活动套转动，其标尺还绕固定套相对基准线转动。

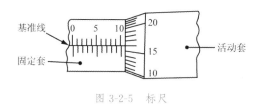

图 3-2-5　标尺

读数时，先读主尺(固定套上)，然后加上活动套的读数得出实际值。

公制千分尺固定套上的主尺以 1.00 mm 和 0.50 mm 分度，如图 3-2-5 所示。

基准线上方的标线为 1.00 mm 刻线，每 5 个刻线给出一个标号(0、5、10 等)，基准线下面的是 0.50 mm 刻线。

活动套上的标尺在套的外缘，分成 50 格，每个刻线代表 1 mm 的百分之一(0.01 mm)。故活动套转一整圈为 50×0.01 mm，即 0.50 mm。螺杆的螺距为半毫米(0.50 mm)，因此活动套转一圈沿主尺走 0.50 mm，即 0.50 mm 的分格(基准线下面的刻线)。

现在来读一下图 3-2-6 所示的千分尺。

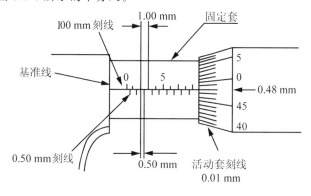

图 3-2-6　外径千分尺的刻线

第1步：由固定套读取可以看得见的主尺基准线上方的整毫米刻线数，结果为 9.00 mm。

第2步：读取主尺基准线下方的半毫米刻线数（完全看见的），结果为 0.50 mm。

第3步：读取活动套上与基准线重合的刻线数，结果为 0.48 mm。

第4步：将三个读数加在一起，即

$$9.00 \text{ mm} + 0.50 \text{ mm} + 0.48 \text{ mm} = 9.98 \text{ mm}。$$

▶ 任务实施

1. 工作任务

外径千分尺的操作与识读。

2. 工作准备

（1）工作场景：理实一体化教室。

（2）主要设备：外径千分尺、多媒体设备、白板、教学三脚架。

（3）辅助材料：抹布、挂历白纸、白板笔、卡片纸、喷胶。

3. 工作清单（表3-2-3）

表 3-2-3　工作清单

序号	作业内容	完成情况
1	准备工作	
2	检查测量工具	
3	清洁测量工具	
4	对测量工具进行校准	
5	清洁被测量部件	
6	选择被测量点	
7	测量尺寸	
8	锁止	
9	正确读数	
10	取下外径千分尺	
11	记录数据	
12	5S工作	

4. 工作步骤（表 3-2-4）

表 3-2-4 外径千分尺的操作与识读

作业内容	图　　解	技　术　规　范
1. 准备工作		**技术要求** 1. 操作台干净整洁 2. 工具摆放整齐
2. 校准		**技术要求** 1. 将千分尺调至 0 位 2. 查看数值是否为 0
3. 清洁		**技术要求** 将测量面与被测面擦拭干净
4. 测量		**技术要求** 转动测力棘轮，当测力棘轮响 3 声左右停止操作

续表

作业内容	图　解	技　术　规　范
5.锁止		**技术要求** 转动夹紧杆于锁止位置
6.读取数值		**技术要求** 读取数值
7.5S 工作		**技术要求** 　1.对工具和设备清洁，并放回原位 　2.整理场地 　3.清扫场地

三、百分表和磁性表座

1. 百分表

百分表是一种带有表盘的量具。百分表的用途很多，可以装在壳体表面检查轴的轴向窜动量（前后运动量），也可以顶在齿轮上检查齿轮间隙。

表盘上标有 0.01 mm 的刻线，还有一个由测头控制的指针，指针可在表盘上转动来显示读数。测量时要将百分表固定好，并让测头能够接触到要检查的工件。

百分表不直接测量，而是显示与原设定零点的偏差。所测的偏差由测头传给指针，在表盘的一侧显示正偏差，另一侧显示负偏差。图 3-2-7 为常见的百分表。

图 3-2-7 百分表

2. 磁性表座

百分表通常是架在一个比较重的磁座上，磁座可以使百分表固定在各种角度上来获取稳定读数。固定表头的附件有多种。图 3-2-8 为刚性杆磁性表座。

图 3-2-8 刚性杆磁性表座

百分表在车间里可用于以下部件测量。

（1）测量制动盘端面跳动量。

（2）测量飞轮或传动板端面圆跳动量。

（3）检查曲轴在发动机上的轴向窜动量。

（4）检查凸轮轴的轴向窜动量。

（5）检查起动机电枢轴的跳动量。

（6）检查尾轴的总跳动量。

可以看到百分表有很多实际用途，可以帮助技师进行诊断并确定适当的修理方法。

3. 百分表的识读

先读小指针转过的刻度线（毫米整数），再读大指针转过的刻度线（小数部分），并乘以 0.01，然后两者相加，即得到所测量的数值，

如图 3-2-9 所示的数值为：［读小指针转过的刻度线（毫米整数）为 1 mm］+［读大指针转过的刻度线（小数部分），并乘以 0.01 为 0.5 mm］=1.5 mm。

图 3-2-9 百分表的识读

→ 任务实施

1. 工作任务

百分表的操作与识读。

2. 工作准备

（1）工作场景：理实一体化教室。

（2）主要设备：百分表、磁性表座、多媒体设备、白板、教学三脚架。

（3）辅助材料：抹布、挂历白纸、白板笔、卡片纸、喷胶。

3. 工作清单（表 3-2-5）

表 3-2-5　工作清单

序号	作业内容	完成情况
1	准备工作	
2	检查测量工具	
3	清洁测量工具	
4	对测量工具进行校准	
5	清洁被测量部件	
6	选择被测量点	
7	测量数据	
8	正确读数并记录	
9	取下百分表	
10	5S 工作	

4. 工作步骤（表 3-2-6）

表 3-2-6　百分表和磁性表座的使用

作业内容	图　解	技　术　规　范
1. 准备工作		技术要求 1. 操作台干净整洁 2. 工具摆放整齐
2. 连接磁性表座	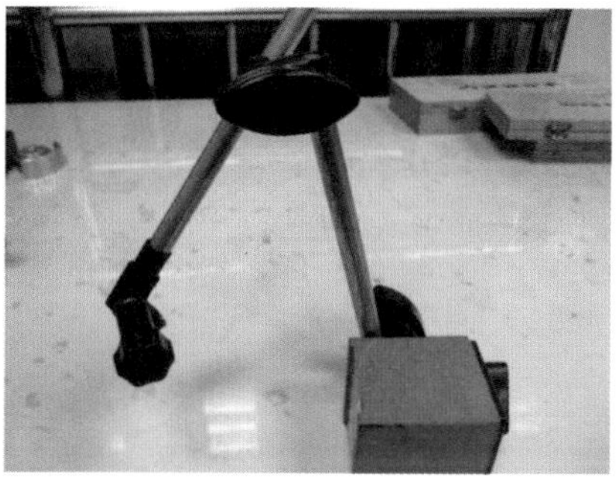	技术要求 1. 安装时，夹紧力要适当，不可过松或过紧 2. 表座各连杆之间连接牢固

作业内容	图　解	技 术 规 范
3. 调整		技术要求 　1. 测量杆要与被测面垂直 　2. 测量时应轻拿轻放，不做过多的无效运动 　3. 不得使百分表受到强烈振动 　4. 不得让测头突然撞击到被测件上
4. 读数		技术要求 　1. 旋转被测物体 　2. 读取数值
5. 清洁		技术要求 　1. 将百分表擦拭干净放回盒中 　2. 非长期保存，不得涂抹凡士林等油类 　3. 应使百分表处于自由状态，以防止弹簧失效
6.5S 工作		技术要求 　1. 对工具和设备清洁，并放回原位 　2. 整理场地 　3. 清扫场地

专用设备的使用

任　务　目　标

(1)能叙述车辆维修特殊设备的名称及作用。

(2)会进行车间用千斤顶的操作。

(3)会进行车轮制动块的摆放。

(4)能根据维修任务要求进行设备操作。

➔ 相关知识

一、车间用千斤顶(卧式千斤顶)

1. 车间用千斤顶的类型

车间用千斤顶是举升车辆进行底盘相关部分维修和其他工作的一种装置。千斤顶有各种类型，按动力来源分有两种类型，即液压式和组合气—液式。有各种举升力的千斤顶(1 t、2 t、3 t等)，使用时选择最合适的一种。

2. 车间用千斤顶的组成

图 3-3-1 是一个液压式千斤顶的结构，它包括手动手柄、脚踏板、释放手柄、节臂等。这一装置通过脚踏板或节臂的运动来举升车辆。释放手柄用于放下被举升的车辆。

图 3-3-1　液压式千斤顶

3. 车间用千斤顶使用注意事项

(1)举升或放下车辆必须在平整地面上进行，为安全起见要确认在轮胎处放置了垫木。例如，举升车的前部时，必须在每个后轮的前后放置垫木。

(2)举升车辆后，在开始工作前确认用安全支架支撑和固定车辆。仅用千斤顶支撑被举升的车辆不稳定，此时在车上工作是很危险的。

(3)用千斤顶工作时，注意自己和周围人员的安全问题。特别是要放下车辆时，逐步缓慢放下，不要匆忙。

(4)不同车型的举升点有变化，因此必须参考相关车型的维修手册。

(5)举升整个车辆时，先举升轴荷较轻的一侧，这样车辆更稳定。

(6)当在被举升的车辆上拆卸轮胎时，将拆下的轮胎放在车间地板和车辆底板下面之间。这样，即使车辆滑下，也能够保护操作者的手或脚。

二、车轮止动块

车轮止动块(图 3-3-2)用于更换轮胎或在被举升的车辆上工作时，防止车辆移动。

图 3-3-2　车轮止动块

车轮止动块有各种类型，如单片式和折叠式。为了安全，一定要使用垫木。

→ **任务实施**

1. 工作任务

千斤顶的使用。

2. 工作准备

(1)工作场景：理实一体化教室。

（2）主要设备：千斤顶、车轮止动块、多媒体设备、白板、教学三脚架。

（3）辅助材料：抹布、挂历白纸、白板笔、卡片纸、喷胶。

3. 工作步骤（表 3-3-1）

表 3-3-1　千斤顶的使用

作 业 内 容	图　　解	技 术 规 范
1. 准备工作		技术要求 1. 确保车辆停放周正 2. 地面平整，无较大的倾斜
2. 关闭泄压阀		技术要求 顺时针旋转千斤顶的操作手柄，直至转不动为止
3. 选择举升位置		技术要求 1. 观察车辆的举升位置 2. 找到后将千斤顶横置于车辆的一侧，对齐车辆的举升位置 安全警告 1. 确保举升位置正确 2. 千斤顶规范摆放 3. 举升车辆的质量符合千斤顶的使用要求
4. 举升车辆		技术要求 1. 反复压动千斤顶操纵杆 2. 待千斤顶的顶块快与车辆的举升位置接触时，停止压动 3. 再次检查顶块是否放置正确 4. 若无问题，压动操纵杆，将车辆举起

续表

作 业 内 容	图　　解	技 术 规 范
		安全警告 1. 车辆不可举升过高 2. 车辆举升需要配合车轮止动块一起使用
5. 落下车辆		技术要求 1. 确认车辆周围没有异物 2. 缓慢地逆时针方向旋转操纵杆，使车辆缓慢落至地面 安全警告 1. 小心车辆滑落 2. 防止车辆下部有异物
6.5S 工作		技术要求 1. 对工具和设备清洁，并放回原位 2. 整理场地 3. 清扫场地

→ 工匠精神

　　3. 精益。精益就是精益求精，是从业者对每件产品、每道工序都凝神聚力、精益求精、追求极致的职业品质。所谓精益求精，是指已经做得很好了，还要求做得更好，"即使做一颗螺丝钉也要做到最好"。正如老子所说，"天下大事，必作于细"。能基业长青的企业，无不是精益求精才获得成功的。

汽车测量技术

当前，车辆故障维修过程中需要使用到两种常见仪器：万用表和诊断仪。

数字式万用表已成为主流，取代了传统的模拟式仪表。与模拟式仪表相比，数字式万用表灵敏度高，准确度高，显示清晰，过载能力强，便于携带，使用更简单。不足之处就是只能测固定不变的电压和电流。

电脑故障诊断仪使得电喷汽车的修理相当先进和轻松，维修人员只要把诊断仪的插头插在汽车的诊断座上，接下来要做的就是根据诊断仪的提示按键钮，就可以了解汽车的"病因"。有些人认为，电脑故障诊断仪的功能就是读取故障码和清除故障码，实际上其功能要比这强大得多。诊断仪装载有测试程序，连接上汽车的诊断座，通过操作面板上的功能键，可以和汽车上的电控系统通信，进行读取故障码、清除故障码、读数据流、动态测试等各项的操作。

本项目包含了 2 个基本学习任务，即万用表的使用和诊断仪的使用。

通过本模块的学习，要在知识、技能、行为习惯、职业素养等方面达到以下相关要求。

学习内容及评价标准

序号	学习内容（知识、技能、行为习惯、职业素养等）	评价标准			
		了解 知道	理解 掌握	指导下 操作	独立 操作
1	合作学习、积极思考、规范操作		√		
2	坚持 5S 工作理念		√		
3	万用表的组成与作用		√		
4	电压、电阻和电流的测量				√
5	了解诊断系统的作用、功能和分类		√		
6	汽车诊断仪的基本使用				√
7	故障码的读取与删除				√
8	数据流的读取			√	

任务 1 MISSION 万用表的使用

任 务 目 标

(1)会正确安装数字式万用表。

(2)会进行电压的测量。

(3)会进行电流的测量。

(4)会进行电阻的测量。

(5)会根据任务要求完成相应的测量检测和识读。

→ 必备知识 ────────────────────────────────●

一、 万用表的组成与作用

数字式万用表(DMM)有一个测试值的电子数字读出装置。数字式万用表具有使测试精确的电子电路，其准确度超过 0.1%，远远超过模拟表。数字式万用表已日益普遍用于电气诊断和检测，尤其是电气系统的检测。

推荐使用至少 10 MΩ 输入阻抗的数字式万用表。万用表只有用于电压档时，输入阻抗对它才适用，也就是说，用 10 MΩ 电阻的万用表检测可防止被测电路负载下降。换言之，对汽车电路而言，这样高的电阻既可对电路上某些敏感的元件进行测试，又可做到不损坏和改变它们的电路。

数字式万用表的组成如图 4-1-1 所示。它包含主机、转速测试钳、表笔、热电偶测试线和转换接头等配件。

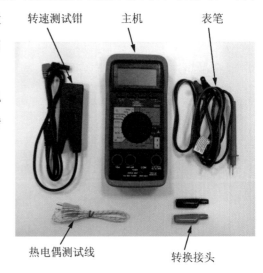

图 4-1-1　数字式万用表的组成

1. 操作面板

图 4-1-2 为数字式万用表主体外观，面板可分为控制区、功能选择区和线路连接区。

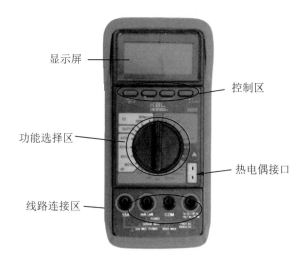

显示屏

控制区

功能选择区

热电偶接口

线路连接区

图 4-1-2   操作面板

　　(1)控制区：包括直/交流蜂鸣器/二极管键，存储/测量键，量程设置键，转速测量/点火模式键。

　　(2)功能选择区：包括关断位，直流电压测量位，交流电压测量位，电路通断/二极管测量位，温度测试位，频率测试位，电流测试位，闭合角测试位，占空比测试位，转速测试位等。

　　(3)线路连接区：包括电流测试插孔(两个)，接地插孔，电压/电阻/占空比/闭合角/频率/二极管/转速等信号拾取插孔，温度测量专用插孔。

2. 特殊测试说明

数字式万用表不仅可以进行常规的操作，还具有一些特殊的测试功能，如图 4-1-3 所示。

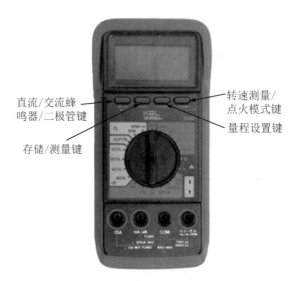

直流/交流蜂
鸣器/二极管键

转速测量/
点火模式键

量程设置键

存储/测量键

图 4-1-3 特殊测试功能

（1）量程的设置：按下量程设置键可选择人工量程设置模式，在这种模式再按动一下量程设置键，其量程范围就会发生变化，屏幕出现新的数据。只需按下量程设置键 2 s，就可退出人工量程模式，进入自动量程模式。

（2）存储/测量键：按下该键运行或退出存储模式。在存储模式下，所测量的数据将被定格显示。

（3）直流/交流蜂鸣器/二极管键：在电流测试中，按此键即可实现直、交电路测量功能的切换。在测量电路的导通性和二极管时，按此键也可实现两者测量功能的切换。

（4）不同点火模式转速的测量：按下转速测量/点火模式键，可实现传统点火模式下转速的测量和无分电器点火模式下转速测量之间的切换。

二、电压

正电荷与负电荷分别位于不同两侧时便会产生电压电源。电压电源始终具有带有不同电荷的两极。一侧是缺少电子的正极；另一侧是电子过剩的负极。在负极与正极之间有一种电子补偿趋势，即两极连接起来时电子由负极流向正极。这种电子补偿趋势称作电压。

下面以车辆蓄电池（图 4-1-4）为例说明电压原理。

图 4-1-4　车辆蓄电池的正极和负极

1. 蓄电池的负极接线柱　2. 蓄电池的正极接线柱（通常用红色标记）

车辆蓄电池内的这种电化学过程使电荷分离：

- 电子聚集在一侧（负极）。

- 另一侧缺少电子（正极）。

两极之间产生一个电势差，即电压。电压的高低取决于电子数量之差。如果用一个带有规定电阻的导体将蓄电池两极连接起来，电子就会从负极移向正极。电流一直流动，直至两极之间不存在电势差或电路断路。

可按以下方式描述电压：

- 电压是施加在自由电子上的压力或作用力。

- 电压是产生电流的原因。

- 两点或两极之间产生电荷差时就会形成电压（压力）。

公式符号：电压的公式符号是大写的 U。

计量单位：电压 U 的计量单位是伏特（V）。

直流电压：电压值和极性保持不变的电压称为直流电压，如图 4-1-5 所示。

如图 4-1-6 所示，使用最多的直流电压电源包括原电池（蓄电池）、相应发电机（部分接有整流器）、光电池（太阳能系统）和开关模式电源。在技术领域通常还组合使用变压器和整流器。

交流电压：数值大小和极性不断变化的电压和电流称为交流电压和交流电流。

图 4-1-7 显示了一个正弦交流电压（u）随时间（t）变化的情况。交流电压的特点是其方向呈周期性变化。

如图 4-1-8 所示，交流电压电源主要来自于家庭和工业的用电插座，一般汽车上的交流电压部件只有交流发电机，其余用电设备都是直流电压。

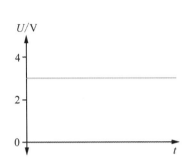

图 4-1-5 直流电压

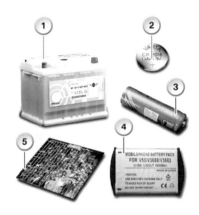

图 4-1-6 直流电压电源

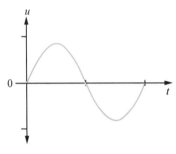

图 4-1-7 交流电压

图 4-1-8 来自于插座的交流电压

在欧洲，交流电压为 230 V，频率为 50 Hz。该频率（通常也称为电源频率）表示每秒钟电流朝相同方向流动的次数。

在此有几个电压值示例：

- 高压架空线：最高 400 000 V。

- 有轨电车：500 V。

- 欧洲家用电器：230 V。

- 电话：60 V。

对电路的检测往往都是从检测电源电压是否正常开始的。如果检测结果为无电压、电压过高或过低，应首先使电压正常再去作进一步检测。

图 4-1-9 所示为测试电压时，数字式万用表在电路中的连接。

用数字式万用表测量电压时要注意以下几点：

- 必须设置电压类型，即交流电压或直流电压（AC/DC）。

- 开始时应选择较大的测量范围（量程）。

- 测量直流电压时注意极性。

测量后要将电压表调到最大的交流电压量程。

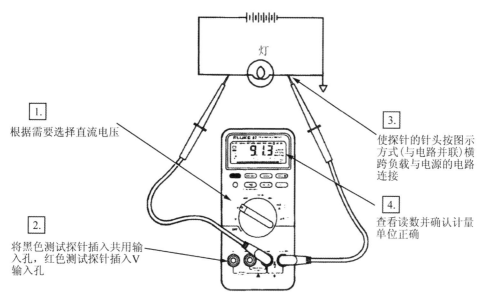

1.
根据需要选择直流电压

2.
将黑色测试探针插入共用输入孔，红色测试探针插入V输入孔

3.
使探针的针头按图示方式(与电路并联)横跨负载与电源的电路连接

4.
查看读数并确认计量单位正确

图 4-1-9　用万用表测电压

三、电阻

自由电荷载体在导体内部移动的结果是，自由电荷载体与原子相撞，因此电子流动受到干扰。这种效应称作电阻。该效应使电阻具有限制电路内电流的特点。电阻也称为欧姆电阻。在电子系统中，电阻的作用非常重要。除作为元件的标准电阻外，其他各部件都有一个可影响电路电压和电流的电阻值。

公式符号：电阻的公式符号是大写的 R（英语电阻一词的第一个字母）。

计量单位：电阻的计量单位是欧姆，用希腊语 Ω 表示。

导体的电阻

导线的电阻取决于导体的尺寸、比电阻和温度。导体越长电阻值越大。导体横截面越大电阻值越小。相同尺寸的不同材料其电阻值不同。每种物质都有一个特定的比电阻 ρ。某种物质的比电阻是指温度为 20 ℃时长 1 m、横截面为 1 mm² 导体的电阻值。温度越低电阻越小。导体电阻按下列公式计算：

$$R = \rho * l / A$$

R——电阻，单位 Ω。

ρ——比电阻（$\Omega * mm^2 / m$）。

l——导体长度，单位 m。

A——导线横截面，单位 mm^2。

用数字式万用表进行导通性或电阻检测，如图 4-1-10 所示。

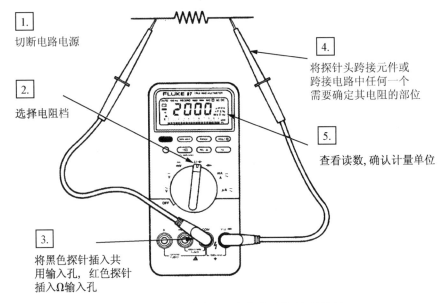

1.

切断电路电源

2.

选择电阻档

3.

将黑色探针插入共用输入孔，红色探针插入Ω输入孔

4.

将探针头跨接元件或跨接电路中任何一个需要确定其电阻的部位

5.

查看读数，确认计量单位

图 4-1-10　用数字式万用表作导通性/电阻检测

测量电阻时要注意以下几点：

• 测量期间不得将待测部件连接在电压电源上，因为欧姆表使用本身的电压电源并通过电压或电流确定电阻值。

• 待测部件必须至少有一侧与电路分离。否则并联的部件会影响测量结果。

• 极性无关紧要。

另外，也可以用数字式万用表进行导通性检测，以区别断路和通路。

采用带有通路信号装置的数字式万用表进行通路测试既快又容易。当测到通路时万用表会发出"嘟嘟"声，不用查看即可知道。不同型号的数字式万用表对引发其发出"嘟嘟"信号装置的电阻值的要求也不尽相同。

导通性检测可以对以下几方面进行确定。

(1)熔断器良好或熔断丝熔断；

(2)导体断路或短路；

(3)开关状况；

(4)电路线路状况(通过对电路或导体的跟踪检测)。

四、 电流

电流是指电荷载体(如物质或真空中的自由电子或离子)的定向移动。电压是产生电流的原因。只有在闭合的电路内才有电流流动。

电路由电源(如电池)、用电器(如一个白炽灯泡)和导线组成。通过开关可使电路闭合或断开。每个电导体都带有自由电子。电路闭合时,所施加的电压使导体和用电器的所有自由电子同时朝一个方向移动。每个时间单位内流动的电子(电荷载体)数量就是电流强度,俗称电流。每秒钟流经导体的电子越多,电流强度就越大。

公式符号:电流强度的公式符号是大写的 I。

计量单位:电流强度 I 的计量单位是安培(A)。

1. 直流电流

在最简单的情况下,电流流动不随时间而改变。这种电流称为直流电流(DC)。

在导体内的准确过程尚不清楚时,人们认定电压电源外部的电流方向为从正极流向负极。这种电流方向称为技术电流方向(图 4-1-11)。虽然当时这种假设已遭到驳斥,但出于实际原因仍保留了原来(历史)的电流方向。因此,即使在今天仍将电路内部的电流方向规定为从正极流向负极。为了了解电流流动机制以及物质的特定电气特性,人们考虑了电荷载体的实际移动情况,在一个闭合电路内,负极排斥自由电荷载体(电子),正极吸引自由电荷载体(电子)。因此产生一个从负极流向正极的电子流。该电流方向为物理电流方向,又称为电子流动方向(图 4-1-12)。

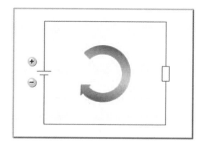

图 4-1-11　技术电流方向

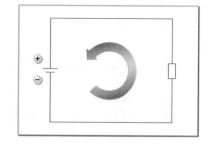

图 4-1-12　物理电流方向

2. 交流电流

除直流电流外还有交流电流(AC)。交流电流是指以周期方式改变其极性(方向)和电流值(强度)的电流。该定义也适用于交流电压。交流电流的特点是其电流方向呈周期性变化。电流变化频率(通常也称为电源频率)表示每秒钟内电流朝相同方向流动的次数。例如,欧洲家用电流的频率为 50 Hz。

通过发电站的发电机产生交流电压/交流电流。为此发电机内的转子旋转 360 度。由此产生一个极性变化的电压,即正弦曲线形式的电压。欧洲最重要的交流电压是 230 V 电源。其频率为 50 Hz。这相当于发电机内的转子每秒钟旋转 50 圈。

用数字式万用表测量电流与测量其他参数不同,电流是串联测量,而电压或电阻是并联测量。要测量的全部电流都流经万用表,而且测试导线必须插进万用表的不同输入插孔。

用数字式万用表测量电流的操作如图 4-1-13 所示。

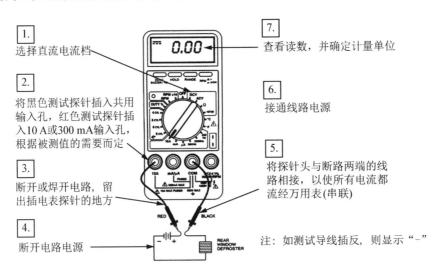

1. 选择直流电流档

2. 将黑色测试探针插入共用输入孔,红色测试探针插入 10 A 或 300 mA 输入孔,根据被测值的需要而定

3. 断开或焊开电路,留出插电表探针的地方

4. 断开电路电源

5. 将探针头与断路两端的线路相接,以使所有电流都流经万用表(串联)

6. 接通线路电源

7. 查看读数,并确定计量单位

注:如测试导线插反,则显示"-"

图 4-1-13 用数字式万用表测量电流

用电流表测量时要注意以下几点:

- 注意电流类型,即电路中流过的是交流电流还是直流电流(AC/DC)。
- 开始时应选择尽可能大的量程。
- 注意直流电流的极性。
- 测量后要将电流表调到最大交流电压量程。

五、 工匠巡礼

金涛主要从事进口自动化车身生产线的维修和产品质量优化工作,参与了国产奥迪轿车七款车型的项目建设和设备改造工作。他在机器人控制系统、激光焊接系统、激光测量系统以及车身自动生产线方面,都形成了独特的维修和改进

图 4-1-14

创新思路。几年来共实施创新改进 150 余项，其中 76 项获奖。成功完成创新项目 33 项，创造经济效益 2000 余万元。他建立了机器人、螺柱焊等 9 个培训基地，自编教材 10 余套，培养机电技工 18 人。他构建了网上学校和工作室，为一汽—大众培养了大量高技能人才。他被称为一汽—大众高技能人才新一代领军人物，先后获得一汽集团、市、省部、全国荣誉及奖励 40 多项。

图 4-1-15

王学勇从事奇瑞汽车股份有限公司的高级汽车装调工，扎根一线 19 年。全国五一劳动奖章，全国"最美职工"，享受"国务院政府特殊津贴"。2011 年，王学勇参加全国第三届汽车装调工职业技能竞赛，在 SUV·MPV 组别斩获个人竞赛一等奖，并荣获"技术操作能手"称号。在奇瑞公司参与整车试制项目验证阶段，王学勇主动提出改进类问题千余项。他还组织参与梳理 21 项运行模块管控方案，涵盖了设备运行参数、底盘集成模块、电路模块、动态检测线、液体加注模块、返工实操体系、汽车关键零部件装配工序、生产环境温度管控、汽车制冷模块、力矩、汽车密封淋雨检测、整车面漆保护等模块，方案运行过程中累计提出 100 余项问题整改意见。

⊙ 任务实施

1. 工作任务

万用表的使用。

2. 工作准备

(1) 工作场景：理实一体化教室。

(2) 主要设备：数字式万用表、电子电器箱、多媒体设备、白板、教学三脚架。

(3) 辅助材料：抹布、挂历白纸、白板笔、卡片纸、喷胶。

3. 工作清单（表 4-1-1）

表 4-1-1　工作清单

序号	作业内容	完成情况
1	检查万用表和设备是否正常	
2	调节万用表至电压、电阻或电流测量档	
3	调整万用表至合适量程	
4	测量电压、电阻或电流	
5	读取数值并记录	
6	完成规定的工作任务	
7	认真记录和总结	

4. 工作步骤（表 4-1-2 至表 4-1-4）

表 4-1-2　用数字式万用表测电压

作业内容	图　解	技术规范
1. 电压测量的准备工作		**技术要求** 1. 根据需要选择直流/交流电压档 2. 将黑色测试探针插入共用输入孔，红色测试探针插入 V 输入孔 3. 选择合适量程
2. 测量输入电压		**技术要求** 1. 将红色探针搭在正极，黑色探针搭在负极 2. 读取万用表显示的数值并记录 **易发问题** 1. 不可将正负极搭错，以免造成万用表的损坏 2. 不可在测量时随意转动测量档位

续表

作业内容	图　　解	技　术　规　范
3.5S		**技术要求** 1. 对工具和设备清洁，并放回原位 2. 整理场地 3. 清扫场地 **易发问题** 1. 清洁工作马马虎虎，应付差事 2. 废弃物未丢弃或未分类丢弃 3. 清洁不彻底、漏项

表 4-1-3　用数字式万用表测电阻

作业内容	图　　解	技　术　规　范
1. 电阻测量的 准备工作		**技术要求** 1. 根据需要选择电阻档 2. 将黑色测试探针插入共用输入孔，红色测试探针插入 Ω 输入孔
2. 校准		**技术要求** 1. 将黑色与红色测试探针相互接触 2. 待电阻显示时，结束校准，记录校准值

作业内容	图　解	技术规范
3. 测量电阻		**技术要求** 1. 将红色探针搭在被测电阻一侧，黑色探针搭在另一侧 2. 读取万用表显示的数值并记录 **易发问题** 不可在测量时随意转动测量档位
4. 测量继电器线圈电阻		**技术要求** 1. 将红色探针搭在蓄电池正极，黑色探针搭在蓄电池负极 2. 读取万用表显示的数值并记录 3. 电阻值＝测量值－校准值 **易发问题** 1. 不可将正负极搭错，以免造成万用表的损坏 2. 不可在测量时随意转动测量档位
5. 5S		**技术要求** 1. 对工具和设备清洁，并放回原位 2. 整理场地 3. 清扫场地 **易发问题** 1. 清洁工作马马虎虎，应付差事 2. 废弃物未丢弃或未分类丢弃 3. 清洁不彻底、漏项

表 4-1-4　用数字式万用表测电流

作业内容	图　解	技　术　规　范
1. 电流测量的准备工作		**技术要求** 　1. 根据需要选择电流档 　2. 将黑色测试探针插入共用输入孔，红色测试探针插入 10 A 或 300 mA 输入孔
2. 测量电流		**技术要求** 　1. 将红色探针搭在一侧，黑色探针搭在另一侧 　2. 读取万用表显示的数值并记录 **易发问题** 　1. 不可将正负极搭错，以免造成万用表的损坏 　2. 不可在测量时随意转动测量档位
3.5S		**技术要求** 　1. 对工具和设备清洁，并放回原位 　2. 整理场地 　3. 清扫场地 **易发问题** 　1. 清洁工作马马虎虎，应付差事 　2. 废弃物未丢弃或未分类丢弃 　3. 清洁不彻底、漏项

任务2 诊断仪的使用

任 务 目 标

(1)会说出汽车诊断仪的作用和类型。

(2)会进行诊断仪与车辆的连接。

(3)会进行故障码的读取。

(4)会进行数据流的读取和识别。

→ 必备知识

一、 汽车诊断仪的作用和类型

1. 使用汽车诊断系统的意义

现代电子技术使得汽车更加安全、舒适和环保。但车辆中不断增加的电子网络系统也使得故障查找变得越来越复杂和费时。同时以怀疑为思路而进行的修理常常导致用户支付不必要的费用和修理工重复不必要的修理。

针对上述情况，在现代汽车修理中广泛使用了汽车诊断系统。

(1)使用诊断仪可以使得对车辆的故障查找更理性、精确、直观和经济。

(2)在诊断仪屏幕上引导性故障查询的各个阶段，都会提示需要做什么和如何做的确切指令，操作失误实际上被排除了。

(3)可以通过车辆的诊断接口读取控制单元故障存储器中的信息，并且自动生成客观的测试计划。

(4)可以从具有车辆识别代码的选择清单中选择列出的数据，可以输入故障特征或选择功能，可以选择部件组和单个部件。

诊断系统的方法可分为两种：人工读码和采用仪器的方法(采用汽车电脑故障诊断仪)。

2. 人工读码方法及其存在的困难

人工读码一般采用跳线的方法，即通过把电路插座(常为诊断座)相应插孔短接，从相应的指示装置(故障指示灯、LED 灯、万用表指针)读出故障码。这种方法无须专门的检测设备,因而可以节省投资。但会遇到一些困难,简单地说,是因为车型种类繁多,有亚、欧、美几十种车系上百种车型;电子系统繁多,较先进的车型往往有防撞气囊系统(SRS)、自动防抱死系统(ABS)、电控燃油喷射系统(EFI)、巡航定速系统(CCS)、自动空调系统(A/C)等,具体的困难有如下几个方面。

(1)诊断座的型式和位置多变。不仅不同厂家的车型不尽相同,同一车系也往往有几种,如 BENZ 的诊断座有 8 孔、16 孔、9 孔、38 孔等型式,位置则有乘客侧防火墙附近、驾驶侧避振器附近、乘客侧避振器附近等。

(2)跳线困难。不同的车型、不同的诊断座、不同的系统(如 EFI、ABS)需要不同的跳线方法,没有相应的资料,就会无从下手。

(3)读码方法各异。同样是闪光码,编码方式各异。有采用 2 位数字组成一个码,也有用 3 位和 4 位数字组成一个码的。

(4)故障码对应的含义无从知晓。很多情况下,虽然读出了故障码,但由于该车型不常见或较新,找不到有关的资料。

(5)清码较麻烦。跟读码一样,清码也会遇到跳线的困难。有些车型甚至不提供跳线清码,这种情况一般要用专门的电脑故障诊断仪才行。清码有一种比较易行但比较烦琐的方法,大多数车型都可通过拆蓄电池负极接线柱来清码。不过拆蓄电池线之前要先记下音响密码和仪表板上的有些设置(如果有的话)。另外拆了蓄电池线后,汽车需要一段自学习的过程,因而这段时期汽车性能会有所降低。

3. 电脑故障诊断仪的使用方法和主要功能

与人工的方法相比,采用电脑故障诊断仪使得电喷车的修理相当先进和轻松,维修人员只要把诊断仪的插头插在汽车的诊断座上,接下去要做的就是根据诊断仪的提示按键钮,就可以了解汽车的"病因"。有些人认为,电脑故障诊断仪的功能就是读取故障码和清除故障码,实际上其功能要比这强大得多。目前电脑故障诊断仪主要有以下几个功能。

(1)测试故障码。操作按键,检测仪就会提示故障码及其含义,维修人员无须跳线,也不必费力查阅故障码的含义。

(2)清除故障码。操作按键就可实现消除故障码。

(3)读取动态数据流。

(4)英汉词典。如今许多进口车的资料是以英文提供的,这对维修人员的英文水平提出了要求。电脑诊断仪里的英汉词典可以查阅到大多数的汽车专业词汇。这样，即使英文水平不高的维修人员也能看懂简单的英文。

（5）元件测试。该功能使得维修人员可以利用仪器来操纵电控系统的执行元件，如控制喷油嘴的油量、控制怠速电磁阀的动作等。该项功能依赖车型的微电脑，即只有微电脑支持这种功能，诊断仪才能这样操作。

（6）示波功能。目前的解码器大多数是以单独的仪器形式存在，但有的是在电脑的基础上用软件来实现，譬如金德 PC98 就是用 586 微机，通过软件与汽车上的电脑通信来完成解码和通信。这种方式有一定的优越性，其一，软件方式扩充升级灵活、成本低，易于适应车型不断变化的需要；其二，软件方式比较容易实现功能上的扩充。例如，电脑＋A/D 板＋相应的软件就可以完成示波器的功能，而示波功能在电控汽车的诊断中是很有用的。如今的电控汽车大量使用传感器，其信号以波形（动）的形式，像氧传感器电压信号就是在 0.1 V～1 V 波动；还有一些执行信号，像喷油脉冲、点火脉冲也是波形（脉冲）形式。其不足之处是在使用上不如手持式的方便和灵活。

4. 故障诊断仪的类型

故障诊断仪可分为专用型和通用型。

（1）专用型诊断仪。

专用型就是一般 4S 店内使用的，针对某一特定厂家开发的诊断仪。常见的专用型故障诊断仪如图 4-2-1 至图 4-2-3 所示。

图 4-2-1　宝马 4S 店的 GT1、GT2

图 4-2-2　通用 4S 店的 TECH-2

图 4-2-3　大众 4S 店的 5051/5052、VAG1551/1552

（2）通用型诊断仪。

通用型就是适合用于多种车系和车型的诊断仪，目前市场上以国产为主。常见的通用型故障诊断仪如图 4-2-4 至图 4-2-6 所示。

图 4-2-4　金德 K81、KT600　　　　　图 4-2-5　电眼睛 X431

图 4-2-6　BOSCH（博世）KS550

相比之下国外的故障诊断仪价格较贵，升级需要付费，而且国外品牌对国产车支持严重不足。对一般修理厂来说，肯定是选择国产的较为适宜。

接下来我们就以 KT600 汽车诊断仪进行讲解。

5. KT600 整机的结构与功能

（1）整机组成。

KT600 的主体部分，包括四大件：主机、诊断盒、示波盒和打印机。这四大件可以分开，各自具有独立的功能和作用，可根据需要和配置情况进行工作。但是，通常其中三大件通过插接组合为一个整体，外面加上保护胶套，防止松动和磨损。此外，KT600 还配有一些进行汽车诊断和网上升级所需的附件，如测试延长线、电源延长线、汽车鳄鱼夹、点烟器接头、14 V 电源、CF 卡、CF 卡读卡器，以及各种测试接头等。

①主机。主机如图 4-2-7 所示可单独使用。在它单独使用时，就成为一台标准的手持式电脑，具备所有标准的掌上电脑功能，如个人数据管理、英汉词典、计算器等。

图 4-2-7　KT600 主机

序号	项目	说明
1	触摸屏	触摸式真彩屏
2	ESC	退出、返回上级菜单
3	OK	进入菜单、确认所选项目
4	⏻	电源开关
5	[▲] [▼] [◀] [▶]	方向选择键
6	F1 F2 F3 F4	多功能辅助键

注：F1—F4 是多功能辅助键，功能非常强大，其具体功能视当前操作界面而定，并分别与操作界面下方的四个软按键相对应。

②诊断盒。它是进行汽车诊断的必要组成部分，担负着汽车诊断的主要功能（图 4-2-8）。

图 4-2-8　KT600 诊断盒

序号	项目	说明
1	DC 12/24V	接这个端口给主机供电
2	PS/2	可外挂键盘和条码枪，内含标准 RS232 串口
3	Diagnostic	测试端口

③示波盒。它是进行汽车诊断的重要组成部分，可以分析出进气系统和燃油系统的可能故障点，为汽车的运行技术状况和故障诊断提供科学的依据(图 4-2-9)。

图 4-2-9　KT600 示波盒

序号	项目	说明
1	CH1	示波通道 1
2	CH2	示波通道 2
3	CH3	示波通道 3
4	CH4	示波通道 4
5	CH5	触发通道

(2)仪器使用注意事项。

◆本仪器为精密电子仪器，请勿摔碰。

◆首次测试时，仪器可能响应较慢，请耐心等待，不要频繁操作仪器。

◆发动机点火瞬间显示屏可能发生闪烁，属正常现象。

◆若显示屏闪烁后，程序中断或花屏，请关掉电源，重新开机测试。

◆保证仪器和诊断座连接良好，以免信号中断影响测试。如发现不能正常连接，请拔下接头重插一次，不要在使用过程中剧烈摇动接头。

• 使用过程中尽量不要摘下 KT600 的保护套，尽量将仪器放置于水平位置，屏幕水平朝上。

• 使用连接线和接头时请尽量使用螺丝紧固，避免移动时断开和损坏接口。拔接头时请握住接头前端，切忌拉扯后端连接线。

• 插拔打印机、诊断盒、示波盒时，请握紧主机，避免跌落。

• 尽量轻拿轻放，置于安全的地方，避免撞击，不使用时请断开电源。

• 使用完后注意将触摸笔插入主机背面的插孔中，将配件放回箱子以免丢失。

• 在线升级的速度受您所在地的网速影响，如果下载速度较慢请耐心等待。

• 操作本仪器需有一定汽车检测维修基础，对被测汽车电控系统有一定认识。

二、故障码

故障测试功能主要是对目前市场上主流车型电控系统进行故障诊断，视具体车型有读取故障码、清除故障码、读取数据流、执行元件动作测试等诊断方法。

读取故障码可以读取被测试系统 ECU 存储器内的故障代码，帮助维修人员快速查到引起车辆故障的原因。

车辆故障分为持续故障和偶发故障：

持续故障：车辆当前存在的故障，无法被清除。

偶发故障：之前已修好但没有清除故障码而遗留下来的故障或是虚接（接触不良）造成的故障，可以被清除。

三、 数据流

汽车数据流是指电子控制单元（ECU）与传感器和执行器交流的数据参数通过诊断接口，由专用诊断仪读取的数据，且随时间和工况而变化。数据的传输就像队伍排队一样，一个一个通过数据线流向诊断仪。

汽车电子控制单元（ECU）中所记忆的数据流真实的反映了各传感器和执行器的工作电压和状态，为汽车故障诊断提供了依据，数据流只能通过专用诊断仪器读取。汽车数据流可作为汽车的输入输出数据，使维修人员随时可以了解汽车的工作状况，及时诊断汽车的故障。

读取汽车数据流可以检测汽车各传感器的工作状态，并检测汽车的工作状态，通过数据流还可以设定汽车的运行数据。

根据车辆的品牌和车型的不同，数据流的各参数也是不一样的，维修人员应视具体车型，查询原厂维修手册，否则只显示数据而不知道内容。

四、 诊断仪界面

1. 汽车诊断界面菜单功能简介

KT600 汽车诊断程序是以车型车标图形为按钮（图 4-2-10），点击某汽车相应的图标即可对该车进行诊断。因此熟悉汽车图标有助于您快速进入汽车诊断。

图 4-2-10　车系选择

表 4-2-1　工作清单

序号	项目	说明
1	车系选择	中国车系、美国车系、欧洲车系、日本车系、韩国车系、OBDII，请根据被测车辆正确选择
2	维修帮助	包含了"音响解码功能"、"演示教程"、"资料库"、"电路图"、"KT 系列注册升级指导"、"防盗系统"、"遥控器系统"和"维修手册"
3	ESC	退出，返回上级菜单
4	⇧⇩⇐⇒	方向选择
5	OK	确认选择
6	选择车型	请根据被测车型正确选择(车型图标会根据你使用的频率自动排列)

2. 诊断车型版本

选择相应的车型图标进行车辆故障测试，屏幕会显示该车型的诊断车型版本，根据测试版本的不同，该版本号在程序升级后会随之改变(图 4-2-11)。

图 4-2-11　诊断车型版本

表 4-2-2

序号	项目	说明
1	ESC	退出，返回上级菜单
2	? 帮助	提供当前页面相关帮助信息
3	打印	将当前页面内容通过仪器自带的打印机打印出来或者以文件形式保存至 CF 卡的 Temp 文件夹中

续表

序号	项目	说明
4	上页/下页	当所有内容无法在一页内全部显示时，由它实现翻页功能
5	OK	确认选择
6	V06.74—04.31	诊断车型版本（根据测试版本的不同，该版本号在程序升级后会随之改变）

3. 车辆电脑型号

此项功能可以读取被测试系统的电脑信息（图 4-2-12），包括车辆识别信息码、基础和终端型号零件号码、软件模块标识符、诊断数据标识符以系统代码。一般更换车辆控制单元时，需要读出原控制单元信息并记录，以作为购买新控制单元的参考，对新的控制单元进行编码时，也需要原控制单元信息。

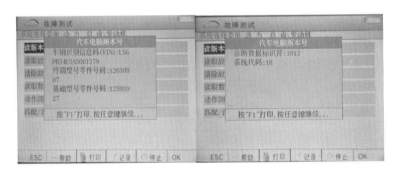

图 4-2-12　汽车电脑版本号

有些车型存在多屏信息，按任意键或点击屏幕将会显示下一屏相关信息，按 ESC 返回上一级。

五、　工匠巡礼

李明权从事汽车维修制造行业，20 多年来，经他手调试、维修的汽车成千成万。他也获奖无数："全国劳动模范""全国交通技术能手""广东省技术能手""深圳市高层次人才""鹏城工匠""深圳市技术能手""深圳市第五届技能标兵"。李明权几十年如一日，苦心钻研，面对问题总是迎难而上，也因此迎来了许多惊喜。他发现市场上在售的汽车测电笔存在缺陷，给维修工作带来不便，重新设计改造后，发明了带电压显示的多功能汽车测电笔。他发现加油设备自动变速加油时存在诸多弊端，如需要手摇泵油等，便发明了全电脑控制的油液加注装置。此外，他还发明了导油功能的手套、汽车驾驶习惯检测两项实用新型专利。

图 4-2-13

→ 任务实施 —— •

1. 工作任务

诊断仪的使用(读取故障码和数据流)。

2. 工作准备

(1)工作场景:理实一体化教室、别克实车。

(2)主要设备:KT600 诊断仪、多媒体设备、白板、教学三脚架。

(3)辅助材料:抹布、挂历白纸、白板笔、卡片纸、喷胶。

3. 工作步骤(表 4-2-3、 表 4-2-4)

表 4-2-3   用诊断仪读取故障码

作业内容	图　解	技术规范
1. 准备工作		**技术要求** 1. 检查仪器各部件有无损坏 2. 车内三件套敷设 3. 检查蓄电池电压

续表

作业内容	图　　解	技　术　规　范
2. 连接数据线		**技术要求** 将数据诊断接头与主机连接
3. 连接至车辆		**技术要求** 1. 将数据诊断接头与车辆连接 2. 打开车辆点火开关 3. 打开 KT600 电源
4. 选择车系、车型		**技术要求** 1. 选择"汽车诊断"功能，按【OK】键进认 2. 选择你所诊断的车型，按【OK】确认
5. 选择年款		**技术要求** 根据车辆识别信息码第十位选择年款，按【OK】键确认

续表

作业内容	图 解	技 术 规 范
6. 选择具体生产商		**技术要求** 选择所需诊断的产品生产商，例如别克，按【OK】键确认
7. 选择		**技术要求** 根据车辆识别信息码第四位选择，按【OK】键确认
8. 选择具体车型		**技术要求** 选择具体车型，例如 Excelle，按【OK】键确认，将会显示安全提示和测试接头提示
9. 选择系统		**技术要求** 根据具体维修需求选择车辆系统，如动力总成，按【OK】键确认

作业内容	图　解	技 术 规 范
10.选择分项		技术要求 选择动力总成下的具体分项，如发动机，按【OK】键确认
11.控制单元信息显示		技术要求 选择读取版本信息，按【OK】键确认，读取被测试系统的电脑信息
12.读取故障码		技术要求 选择读取故障码，按【OK】键确认
13.显示屏选择		技术要求 选择 DTC 显示屏，按【OK】键确认

作业内容	图　　解	技 术 规 范
14. 显 示 故 障 码 信息		技术要求 读取车辆故障码信息
15. 清除故障码		技术要求 1. 按 ESC 键返回 2. 选择删除故障码,按【OK】键确认
16. 故 障 码 清 除 完成		技术要求 1. 故障码清除完成 2. 按 ESC 键返回
17. 再次读取故障码		技术要求 再次读取故障码信息

表 4-2-4　用诊断仪读取数据流

作业内容	图　解	技 术 规 范
1. 准备工作		**技术要求** 1. 检查仪器各部件有无损坏 2. 车内三件套敷设 3. 检查蓄电池电压
2. 连接数据线		**技术要求** 　将数据诊断接头与主机连接
3. 连接至车辆		**技术要求** 1. 将数据诊断接头与车辆连接 2. 打开车辆点火开关 3. 打开 KT600 电源
4. 选择车系、车型		**技术要求** 　1. 选择"汽车诊断"功能，按【OK】键进认 　2. 选择你所诊断的车型，按【OK】确认

作 业 内 容	图　　解	技 术 规 范
5. 选择年款		**技术要求** 根据车辆识别信息码第十位选择年款，按【OK】键确认
6. 选择具体生产商		**技术要求** 选择所需诊断的产品生产商，例如别克，按【OK】键确认
7. 选择		**技术要求** 根据车辆识别信息码第四位选择，按【OK】键确认
8. 选择具体车型		**技术要求** 选择具体车型，例如 Excelle，按【OK】键确认，将会显示安全提示和测试接头提示

续表

作业内容	图　　解	技 术 规 范
9. 选择系统		**技术要求** 根据具体维修需求选择车辆系统，如动力总成，按【OK】键确认
10. 选择分项		**技术要求** 选择动力总成下的具体分项，如发动机，按【OK】键确认
11. 控制单元信息显示		**技术要求** 选择读取版本信息，按【OK】键确认，读取被测试系统的电脑信息
12. 读取数据流		**技术要求** 选择读取数据流，按【OK】键确认

续表

作业内容	图　解	技术规范
13. 选择发具体系统数据流		**技术要求** 选择具体系统的数据流，如发动机数据，按【OK】键确认
14. 选择项目		**技术要求** 通过触屏方式选择具体项目，按【OK】键确认
15. 显示数据流		**技术要求** 显示具体的数据流相关信息

→ 工匠精神

4. 创新。"工匠精神"还包括追求突破、追求革新的创新内蕴。古往今来，热衷于创新和发明的工匠们一直是世界科技进步的重要推动力量。新中国成立初期，我国涌现出一大批优秀的工匠，如倪志福、郝建秀等，他们为社会主义建设事业做出了突出贡献。改革开放以来，"汉字激光照排系统之父"王选，"中国第一、全球第二的充电电池制造商"王传福，从事高铁研制生产的铁路工人和从事特高压、智能电网研究运行的电力工人等都是"工匠精神"的优秀传承者，他们让中国创新重新影响了世界。

课程评价

同学们，本课程学习结束了，感谢你始终如一的努力学习和积极配合。为了能使我们不断地改进，提高专业教学效果，我们珍视各种建议、创意和批评。为此，我们很乐于了解你对本模块学习的真实看法。当然，这一过程中所收集的数据采用不记名的方式，我们都将保密，且不会透漏给第三方。对于有些问题，只需做出选择，有些问题，则请借助几个关键词给出一个简单的答案。

项目名称： 教师姓名： 课程时间： 年 月 日 — 日 第 周 授课地点：	很满意	满意	一般	不满意	很不满意
项目教学组织的评价	☺		☺		☹
1. 你对实训楼的教学秩序是否满意？	☐	☐	☐	☐	☐
2. 你对实训楼的环境卫生状况是否满意？	☐	☐	☐	☐	☐
3. 你对实训楼学生整体的纪律表现是否满意？	☐	☐	☐	☐	☐
4. 你对你们这一小组的总体表现是否满意？	☐	☐	☐	☐	☐
5. 你对这种理实一体化的教学模式是否满意？	☐	☐	☐	☐	☐
学习教师的评价	☺		☺		☹
6. 你如何评价培训教师？（总体印象/能力/表达能力/说服力）	☐	☐	☐	☐	☐
7. 教师组织培训通俗易懂，结构清晰。	☐	☐	☐	☐	☐
8. 教师非常关注学生的反应。	☐	☐	☐	☐	☐
9. 教师能认真指导学生，对任何学生都不放弃。	☐	☐	☐	☐	☐
10. 你对培训氛围是否满意？	☐	☐	☐	☐	☐
11. 你认为理论和实践的比例分配是否合适？	☐	☐	☐	☐	☐
12. 你对教师在岗情况是否满意？（上课经常不在培训室，接打电话等）	☐	☐	☐	☐	☐

项目名称： 　　教师姓名：	很满意	满意	一般	不满意	很不满意
课程时间：　年　月　日　—　日　第　　周 授课地点：					
学习内容的评价	☺		☺		☹
13. 你对培训涉及的题目及内容是否满意？	☐	☐	☐	☐	☐
14. 课程内容是否适合你的知识水平？	☐	☐	☐	☐	☐
15. 培训中使用的各种器材是否丰富？	☐	☐	☐	☐	☐
16. 你对发放的学生手册和学生工作手册是否满意？	☐	☐	☐	☐	☐

请回答下列问题：

1. 在学习组织方面哪些地方还需要进一步改进？

2. 哪些学习内容您特别感兴趣？为什么？

3. 哪些学习内容您不特别感兴趣？为什么？

4. 关于学习内容是否还有你想学但这次没有涉及的？如有，请指出。

5. 你对哪些学习内容比较满意？哪些方面还需要进一步改进？

6. 你希望每次活动都给小组留有一定的讨论时间吗？你认为多长时间较为合适？

7. 通过本课程的学习，你最想对自己说些什么？

8. 通过本课程的学习，你最想对教授本课程的教师说些什么？